北京大学新中国留华校友口述实录　丛书
夏红卫　孔寒冰　主编

坐在两张椅子之间

北京歌德学院前院长
阿克曼口述

梁晶晶 编著

图书在版编目（CIP）数据

坐在两张椅子之间：北京歌德学院前院长阿克曼口述 / 梁晶晶编著.
— 北京：北京大学出版社，2018.5
（北京大学新中国留华校友口述实录丛书）
ISBN 978-7-301-29420-8

Ⅰ.①坐… Ⅱ.①梁… Ⅲ.①阿克曼－回忆录 Ⅳ.① K835.165.46

中国版本图书馆CIP数据核字（2018）第 052451 号

书　　　名	坐在两张椅子之间：北京歌德学院前院长阿克曼口述 ZUO ZAI LIANG ZHANG YIZI ZHIJIAN: BEIJING GEDE XUEYUAN QIAN YUANZHANG AKEMAN KOUSHU
著作责任者	梁晶晶　编著
责 任 编 辑	程　彤　李治威
标 准 书 号	ISBN 978-7-301-29420-8
出 版 发 行	北京大学出版社
地　　　址	北京市海淀区成府路205号　100871
网　　　址	http://www.pup.cn
新 浪 微 博	@北京大学出版社　@培文图书
电 子 信 箱	pw@pup.pku.edu.cn
电　　　话	邮购部 62752015　发行部 62750672　编辑部 62750883
印 刷 者	北京市松源印刷有限公司
经 销 者	新华书店
	889毫米×1194毫米　32开本　8.25印张　236千字 2018年5月第1版　2018年5月第1次印刷
定　　　价	59.00元（精装）

未经许可，不得以任何方式复制或抄袭本书之部分或全部内容。
版权所有，侵权必究
举报电话：010-62752024　电子信箱：fd@pup.pku.edu.cn
图书如有印装质量问题，请与出版部联系，电话：010-62756370

"北京大学新中国留华校友口述实录丛书"编委会

顾　　　问：郝　平　林建华　田　刚
　　　　　　　王　博　朱善璐　李岩松
编委会主任：夏红卫　孔寒冰
编　　　委（按姓氏笔画排序）：
　　　　　　　丁　超　马　博　王明舟
　　　　　　　王　勇　宁　琦　任羽中
　　　　　　　孙祁祥　孙秋丹　李宇宁
　　　　　　　张　帆　陆绍阳　陈峦明
　　　　　　　陈晓明　陈跃红　周　静
　　　　　　　孟繁之　项佐涛　赵　杨
　　　　　　　贾庆国　高秀芹　康　涛
　　　　　　　蒋朗朗　韩　笑
主　　　编：夏红卫　孔寒冰

"北京大学新中国留华校友口述实录丛书"
总序

在几千年的文明发展进程中,中华民族形成了开放包容、和谐共生的文化传统。作为中国近代第一所国立大学,近一百二十年来,北京大学厚植中华文明沃土,饱览时代风云变幻,积极致力于"东学西渐"和"西学东渐",以开阔的视野和胸襟,为生于斯、长于斯的中华民族,也为人类命运共同体培养了一大批优秀人才,在中外关系特别是人文交流方面做出了巨大贡献。

1952年9月,"东欧交换生中国语文专修班"的14名外国留学生调整到北京大学,标志着中华人民共和国成立后外国留学生留学北大的开始。六十多年来，北京大学已经培养了9万多名各种层次的国际学生，他们遍布世界各地的近190个国家和地区。北京大学的国际校友人数众多，覆盖国家和地区广泛，社会贡献突出而令人瞩目。他们来华留学的时段跨越了不同历史时期，亲眼见证了中国发生的翻天覆地的变化。更具体地说，他们构成了中国来华留学教育史的一部缩影，既是中国历史的见证者，又都在不同程度上是中外文化交流的探索者与践行者。许多学成归国的留学生已成为所在国同中国交流的重要桥梁。还有许多国际校友在本国政治领域、经济领域和外交领域里努力工作，对于祖国的发展和与中国的友好关系做出了杰出贡献。

面向国际社会讲好中国故事，是加强中外人文交流的有效途径。北京大学国际校友的人生经历和他们讲述的中国故事，为理解中国的政治、外交、文化、教育的历史提供了独特的海外视角。不仅如此，他们对中国有深刻的理解和特殊的感情，在本国甚至在国际社会有较高的声望，是让国际社会全面了解中国的重要渠道。"北京大学新中国留华校友口述实录丛书"收集和整理的就是北京大学国际校友的成长记忆，重点讲述他们与中国特别是与北京大学的故事。通过对国际校友进行口述文献的采集、整理与研究，可以使国内更多的读者听到"中国好声音"和"中国故事"。此外，本套丛书还有助于系统梳理来华留学教育工作在不同历史阶段的发展历程和人才培养成果，为留学生教育总结经验，拓展学术研究领域，丰富国际关系史和国别史研究内容，进而推进北京大学对外开放和"双一流"建设。

2015年，本套丛书的编辑出版工作正式启动，由相关学科的专家学者对一些国际校友进行访谈，在此基础之上整理、出版了这套丛书，通过这种形式配合国家做好大国形象的构建，推动开展中外人文交流。在策划、出版这套丛书的过程中，作者努力以严谨的科学态度保证它们具备应有的学术价值和历史文献价值。考虑到口述者的特殊经历、个人情感以及因时间久远而造成的记忆模糊等因素，作者通过访谈第三方、查找资料等方式对口述内容进行考订、补充，成稿后又请口述者进行了校正。尽管如此，由于各方面水平所限，丛书中肯定还有不准确甚至错误之处，敬请读者批评指正。

启动两年以来，本套丛书受到了各界的关心、支持，也得到了许多领导和专家的指导、帮助。在这期间，丛书编委会的一些成员职务发生了变化，不断地有更多领导和专家加入进来，相关的访谈成果会越来越多、质量会越来越高。

谨以此书献给数以几万计的北京大学的国际校友，献给所有关心、支持、参与来华留学事业的人，献给北京大学 120 岁生日。

编委会主任　夏红卫　孔寒冰
2017 年 11 月

Contents | **目录**

001 | 第一章　我的青少年时代
031 | 第二章　北大生活
081 | 第三章　歌德学院
123 | 第四章　墨卡托基金会
157 | 第五章　孔子学院
181 | 第六章　当代艺术

217 | 附录一　误解之益 / *阿克曼*
231 | 附录二　老外看当代水墨画 / *阿克曼*
241 | 附录三　我反对的，我爱的
　　　　　　——看见阿克曼 / *靳卫红*

第一章
我的青少年时代

采访人：阿克曼先生，很高兴今天能有这个机会采访您。您是歌德学院北京分院的建院院长，后来还在莫斯科和罗马担任过歌德学院东欧/中亚区总院长和意大利区总院长，2006年又回到北京担任大中国区总院长，现在又身兼德国墨卡托基金会中国代表人和孔子学院总部顾问的职务。这么多年来，您一直都在进行着文化交流方面的工作。我听说，视觉艺术，特别是中国水墨艺术也是您特别感兴趣和关注的对象。您在工作和个人审美趣味方面的偏好是否受到家庭的影响？

阿克曼：是，我们家有两个最根本的东西，一个是艺术，一个是政治。我从小对艺术感兴趣，这跟我的家庭有关。我的曾祖母是画家，德国印象主义的，当时算是有名气的画家，今天的人已经不怎么知道她了。我家里一直有着浓郁的艺术气息，小时候围绕在我生活中的都是艺术，一屋子艺术品，我从小就看这些东西。

采访人：曾祖母，那您还见过面？

阿克曼：没有，她1931年去世了。

采访人：但是家里还是有这种艺术的审美传统。

阿克曼：对。比如我奶奶，她不是艺术家，她是一个演员，当过斯图加特戏剧学院的院长。我给你看一样东西，这是我奶奶创作的两幅布贴加手绣壁毯。

采访人：这是她做的吗？

阿克曼：她70岁突然开始做这样的东西，当然

第一章 我的青少年时代 | 003

阿克曼奶奶 Lily 拼绣的挂毯，描绘《圣经·旧约》当中先知 Jonas 的故事。画面中间是阿克曼 14 岁时画的草图，上段是阿克曼姐姐画的草图

也做得不多，因为她1975年时便已经患上阿尔茨海默病，没法继续做了。这是她做的第一个壁毯。

采访人：她原来会画什么东西吗？

阿克曼：原来估计她妈妈也教过她画画，可是她自己很快就明白她不是艺术家，所以后来就放弃了。可是70岁的时候突然做了这样的东西。不知道她的灵感从哪儿出来的，突然就开始做。

采访人：这是棕榈树吗？

阿克曼：对，现在有很多颜色已经褪了，所以我把它放在玻璃框里。遗憾的是好多颜色已经褪了，这都是布，一般的布，她就是用别人扔掉的那些布。她做的东西不多，一共十幅。

采访人：您刚才提到家里的两个传统：艺术和政治。艺术的氛围来自曾祖母，那么政治方面您又受到谁的影响呢？

1946年刚出生的阿克曼在妈妈的怀抱里

阿克曼：我的父亲。他是一名政治家。

采访人：曾祖母和奶奶都热爱艺术，您父亲的兴趣点为什么突然转向政治了呢？

阿克曼：我想这跟他的生活经验有关，他经历过战争。战争结束后，他有一种很强烈的意识，一定要避免战争，对他来讲也变成一种责任。他觉得自己有这方面的责任，因此，他对政治就很感兴趣。这是他的时代赋予他的东西，是对个人经历的反思，是一种很强烈的社会责任感。

采访人：您小时候父亲会在家里和孩子谈论政治方面的问题吗？

阿克曼：会在家里面谈，但谈得不是很多。他不会特别跟我们谈他在政治方面做了什么。不过，我在读大学的时候就会支持他、帮助他了。

采访人：您父亲在政治上有什么具体的诉求吗？

阿克曼：怎么说呢，他是社会民主党人，可以说是"左派"，但也不是极"左派"。我 15 岁开始搞学生运动，之后会跟他吵架，吵得一塌糊涂。

采访人：会吵架？他不是偏"左派"吗？父子的政治信仰不是很一致吗？

阿克曼：他为越南战争辩护，我觉得他那时候太保守了。你应该理解他们那一代人跟我们不一样。我父亲的经历比较特殊。在纳粹时代，他被打成半犹太人，其实他不是，我奶奶那时候的丈夫是犹太人，可是那不是他的生父。但在纳粹时代，这就成了一个问题。他需要努力证明自己不是犹太人。他真正的父亲也认可并证明我父亲是他的孩子。可是，在德国有一个官僚机构，叫种族研究所，他们依据照片之类的东西，来鉴别谁是犹太人。就是这个种族研究所最后把我父亲定成犹太人。因为他的耳朵或鼻子的样子而把他归为犹太人。这可不是闹着玩的，这是要命的事情。他原来上中学是在瑞士，不在德国。1939 年，他回到德国，那时正好第二次世界大战爆发。他从战争的第一天到最后一天一直在前线，不敢回来。因为军队在一定条件下还需要这些人，对他们有一些保护，在政治上庇护他们。于是，他就得整整五年一直待在前线，受了好几次伤。

采访人：在德国的军队里面？

阿克曼：对。

采访人：但同时又被认为是半犹太人，那很艰难。

阿克曼：非常难。我们这些人根本难以真正了解这意味着什么，这种生活是种怎样的生活。

采访人：有关这些在德国军队中的"犹太人"的生活似乎很少会被提及。

阿克曼：当然，纯正的犹太人，百分之百的犹太人不太可能进入军队。在军队服役的大都是半犹太人。当时官方的说法是，等战争胜利后再决定这批人的命运。这是一种怎样的经历，能想象吗？我们没有打仗的经验，我们也不知道打仗意味着什么。

按道理讲，他当时已经中学毕业，开始上大学，应该有当军官的资格。可是，因为他是半犹太人，所以绝对没有可能当军官，只能当最普通的士兵。五年的时间里，他一直在前线，先在法国，后在苏联，也在其他一些地方待过。这对一个人意味着什么，我们难以想象。他很少谈论打仗的事情，他也不是一个特别能表达自己内在情感的人。所以，小时候，我基本上不谈政治。后来我自己搞了学生运动，我们就开始吵架。

采访人：你们会聊互相的政治观点，是吗？

阿克曼：对，特别是在午饭的时候，我妈妈对此烦透了。

采访人：您家有几个孩子？

阿克曼：三个，我还有姐姐和妹妹。

采访人：她们也会对艺术或者政治有兴趣吗？

20世纪50年代,阿克曼和姐妹在狂欢节上,他扮了一个中国人

阿克曼：她们都对艺术感兴趣，也没有一个成为艺术家，可还是一直对艺术感兴趣。

采访人：她们也会有自己的政治观点吗？

阿克曼：我的姐姐成了一个很积极的女权主义者。我妹妹还小，我搞学生运动的时候，她对政治还不是特别感兴趣，所以家里主要还是我跟我父亲有矛盾。

采访人：您父亲参加过战争，他还会赞成美国发动越南战争？

阿克曼：你应该理解，从事政治的人是会起变化的。我那时候纯粹是个理想主义者，现实是什么，我不感兴趣。可如果搞政治，就需要不断地跟现实妥协，世界观也会改变。对一个搞政治的人而言，战争要么是必要的，要么是不必要的。必要就打仗呗，没办法，这是一种不同于理想主义信念的看法。我父亲叫 Georg Kahn-Ackermann，很早就对第三世界的问题特别感兴趣，比其他搞政治的人都要早。

他在20世纪50年代出了一本书，书里面没用他的姓名，是否有政治方面的考虑，我不知道。书中描写了第三世界国家争取民族独立的过程，也谈到其中他认识的好多个重要人物，比方说在越南，在阿尔及利亚。他知道这些人。他后来在议会里也是发展援助委员会的主任，一直对第三世界的发展感兴趣。这是德国第一本描写反帝国主义、反殖民主义斗争的书。那时候在德国，其他人还没有特别注意到这些问题，觉得这些第三世界国家和他们没有关系，因为德国已经没有殖民地了，所以德国人一般对这些问题不是特别关注。我估计每个从事政治的人都想当总理，或者至少当一个部长。他也一样，梦想最后没能实现。对他来讲也是一种失望，他在"冷战"期间，20世纪70年代担任了欧洲委员会的秘书长，之后他的政治生涯就结束了。

采访人：您父亲那本书里也提到中国了吗？

阿克曼：好像也提到过，可他没去过中国。他去过非洲、亚洲、南美的一些国家。他第一次来中国是我在北京做歌德学院院长的时候，可是那时候他年纪已经大了。

采访人：您小时候也会看父亲写的书吗？

阿克曼：我看他的书是在60年代，他出版这本书好像是在1956年，那时候我还太小。后来，我也看了一下这本书，但因为描写的事情已经成为历史了，所以我不是特别感兴趣。

采访人：1968年学生运动的时候，您参与了吗？

阿克曼：可以说是积极参与。这个很有意思，学生运动主要是大学生在推动。在德国最重要的阵地是柏林，慕尼黑也是一个中心。

采访人：您当时是在慕尼黑？

阿克曼：对，我在慕尼黑。有意思的是，当时在运动中特别积极的是汉学系的学生。我记得那时候有一个学生委员会，十个领导中有四个后来成为汉学家。

采访人：汉学系的学生还是老师？

阿克曼：当然是学生，其中就有我一个。我当时什么都不懂，就是积极。

采访人：有什么行动吗？

阿克曼：大概就是参加游行、跟警察打架之类的，我还坐过三天的牢。我们当时占领了一个空置的医院，计划当作运动的总部，为革命服务。后来警察过来把我们逮捕了。

采访人：当时参加1968年运动的主要还是学生吧？

阿克曼：是的，主要是大学生。我们也一直努力动员工人，可是工人不怎么理我们。这让我们很愤怒。这种愤怒里面当然有好多幼稚的成分，可是这也体现了当时年轻人一种本能的感觉。你应该理解，德国在第二次世界大战之后变得相当保守，完全不愿提及过去。这种保守的氛围在当时非常浓重。比如，像伯尔（Heinrich Böll）这些人50年代提了这些事，结果就是被骂。像他这样的人也不多，很少，只有一些知识分子、艺术家、作家敢提这些事。

采访人：会有很大的压力，是吗？

阿克曼：会有非常大的压力，我很佩服这些人。我十分敬重像伯尔这样的人，他们很有勇气。那时候社会上不爱听这些，当权者也绝对不愿意人们提到这些事情。他们宣传说，纳粹做的事情跟我们无关，老百姓是无辜的，这是那几个纳粹做的事情。当时老百姓还不知道奥斯威辛的事，或者说是不愿意提及。50年代的社会气氛非常沉闷，非常保守，家庭、宗教、工作，生活就是这样。

采访人：您的家庭的信仰是天主教还是新教？

阿克曼：我家的情况比较复杂。我的家族基本上属于新教徒。我的曾祖父是丹麦人，曾祖母是吕贝克人，所以按道理来讲都是新教教区的。我妈妈是巴登—符腾堡人，他们也是新教徒。可是，我奶奶

20年代不知道出于什么缘故,突然变成了天主教信徒。我父亲形式上是天主教徒,但他并不真的相信。我奶奶是否真信天主教我也有点怀疑,我估计更多是出于一种时髦。我妈妈是新教家庭长大的,可她嫁到了巴伐利亚南部,那是一个虔诚信奉天主教的地方,所以他们是在教堂里结婚的,有神父主持,孩子也必须信天主教。所以我们受的都是天主教教育。就这样,很奇怪。

采访人:家里的宗教气氛浓郁吗?

阿克曼:不是很重。不过,我们每个礼拜还是会老老实实去参加弥撒。我爸妈也不反对我们参加弥撒。我是在一个小农村长大的,如果不去参加弥撒,会面临很大的舆论压力。神父也会给我们上宗教课,他会跟我们说,假如我们不是按照天主教的要求做事情,就会有恶鬼来抓我们,等等。总体而言,家里的宗教色彩并不浓重,小时候感受到的宗教氛围主要还是来自周围的社会环境。

宗教对我的影响还体现在艺术上。我们家当时有很多画册和藏画,有很好的艺术氛围。对小孩子而言，这是一种环境，即使平时没有人特意和你聊艺术，但你也会下意识地对这些东西感兴趣。我第一次在家庭之外的地方看艺术、听音乐，就是在家旁边的巴洛克小教堂里。弥撒给人一种巨大的神秘感，那时候还用拉丁语做弥撒。虽然我什么都听不懂，但是音乐对我的影响非常深刻。第一次听音乐，真正的音乐，就是在教堂里面。你看了这些雕塑，看了这些画，看了这些建筑，参与弥撒，所有这些都会对你产生非常深刻的影响。实际上，这是有关个人的传统和来源的最深刻的教育。这不是一种理性的教育，不是在理论上教你，而是一种让你自己意识到，让你自己亲身经历的教育。类似的体验在当前的中国是缺乏的。这是一个很大的问题。过去，一个小伙子在农村长大，起码附近有寺庙，有老房子，房子里有老家具，这些东西给人审美的教育。可现在农村什么都没有了，城市里也是，你看老北京、老南京，还有多少寺庙？这些审美的东西都是生活中的日常。你看北京老地图，哪儿都有一个小寺庙，哪儿都有这些类似的东西。你也不一定是一个信徒，可是这些东西会对你产生作用。你看到了它们，你住在四合院里，而不是高楼，这些会带给你一种非常清晰的审美感。所以，真正民间的东西从来不会俗气，不会媚俗。这个东西确实与人们的生活有直接的关系。今天就不同了。传统没有了，现在再做，就只是一个装饰品而已。对我而言，有三个因素对我的生活起到了最具决定性的作用：一个是文化艺术，特别是艺术；一个是政治；一个是宗教。我不是信徒，可是，我不能否认宗教教育对我的影响。这种影响是全面的，不仅体现在审美上，也影响了我对文化的理解，影响了对我自己来源的理解。后来，我自己有了孩子，因为我不是信徒，所以我也不强迫他们上宗教课，他们自己当然也不会感兴趣。可是，我今天有点后悔。不是因为他们以后是否会成为信徒，这并不重要。我现在去一个教堂，或是看一幅老画，我可以读懂它们想表达的是什么，而他们现在看宗教艺术的时候就完全看不懂了。这意味着，他们与自己的传统已经完全割离了。我没有特别研究过艺术史，可我从小习惯了这些东西，也知道它们的意思，以后感兴趣时就读一些相关的书。最基本的教育还是这种教育。

采访人：您的夫人是搞艺术的，应该也没有宗教背景。

阿克曼：没有，她自己觉得有点遗憾，她特别愿意跟我去欧洲，比方说去教堂。我给她解释，她突然就明白了这不是一种装饰，而是有意义的。对她来讲，吸引力很大。她觉得很遗憾，认为自己没有宗教感。我说不对，你肯定有宗教感。没有一个好的艺术家是没有宗教感的，不可能。你只不过不是某一种宗教的信徒。艺术和宗教感是分不开的。

采访人：宗教感不一定要跟某一个宗教派别绑定。

阿克曼：对，宗教意识不是说你是某一个宗教派别的信徒。宗教派别是一种表达宗教感的形式，各种各样，看看哪一个符合你，或是什么都不符合你，那都可以。可是，一个好的艺术家绝对有宗教感，他意识到或者意识不到，这都无所谓。

采访人：您小时候会接触到与中国有关的事情吗？

阿克曼：没有，完全没有，我爸爸对日本版画，对浮世绘感兴趣。他还收藏了印度的木雕、非洲的雕塑，当然也有日本的浮世绘，以及西方的版画。

他兴趣广泛，可是并不怎么谈论这些事情。当然，这些藏品我们都看过，也对我们产生了一定的影响。他对非洲和南美洲特别感兴趣，也去过那些地方。可惜我们不能和他一起去，那时候不像现在，随便坐飞机就去了。

采访人：那时候对德国人而言，出国也是不容易的。

阿克曼：当然。我小的时候，房前有一块麦田，农民还在用马耕地，60年代才开始使用拖拉机。现在觉得理所当然的事情，当时可没有那么理所当然。应该说，我长大的地方一直都比较穷，是地道的农村，只有几个比较富裕的农民。"二战"之后，农民都富裕了，因为他们掌握了人们最需要的东西。人们把各种各样有价值的东西送给农民，换成鸡蛋、牛奶之类的食物。我们所在的地方跟德国其他农村不一样，这里的农民都是自由农民。其他很多地方的农民是农工，农场并不属于农民，农场的所有者可能是一个贵族或其他什么人。所以这里的农民对自己的自由身份都很得意，他们的自尊心很强。虽然他们手上的农场有大有小，但这些自由农民都有很强的意识，觉得自己是自己的主人。我小时候所在的农村和中国农村特别相似。那里是家族社会，关系非常复杂，管理村子都是靠关系。1976年"开门办学"的时候，我去中国农村干活，住农民家。我觉得中国的农村跟我们那儿的农村太像了，也有跟邻居闹矛盾这样的事。还有，农民都非常实在，也会考虑他人的利益所在。他们跟谁都做交换，甚至跟上帝也"做交换"。上帝让我丰收，那好吧，我就在教堂里修复一个东西。假如有天灾的时候，那我就不管上帝了。这是一种非常实在的意识。我小时候会帮他们干活，这样他们就会给我吃的。

采访人： 您家里不用种田吗？

阿克曼： 不用，我们不是农民。这个地方有点特殊，不是一般的农村。19世纪末有一些比较成功的艺术家到这里建别墅。我们当时住的房子实际上是我曾祖母的别墅。我曾祖母生活在柏林，她跟一些艺术家一样，在这些地方盖了别墅。房子很大，有十二间。她平时生活在柏林，而夏天大都在这个村子里度过。第二次世界大战的时候,我奶奶在柏林的房子被炸毁了,全家就搬到这儿来了。村子里有两种完全不同的人:农民或者渔民、艺术家或者知识分子。

采访人:就像北京郊区农村的艺术家工作室。

阿克曼:对,当时也存在一种圈子。我奶奶跟当时的艺术精英阶层挺熟。我们家里,托马斯·曼(Thomas Mann)来过,里尔克(Rilke)也来过,这些人都来过,很多人都来过。那时候在我们村的小学里,一半是农民的孩子,一半就是知识分子的孩子。我们那时候的生活很有意思,当然这两类孩子的区别也是很明显的。农民的孩子一般没有上大学的传统,除了一两个特别聪明的孩子会被老师推荐上Gymnasium(初、高中),大多数人还是会回家继续干爸爸的活。不过孩子们并不在意这种区别,大家都会在一起玩。

采访人:您中学毕业后就上大学学习中文了吗?

1960年，阿克曼（左一）和中学的伙伴们在一起

阿克曼：没有，中学毕业后我还在部队待了一段时间。大概是在 1968 年上的大学。刚开始选择的是社会学专业。那时候社会学特别流行。我当时觉得，如果学了社会学，就可以把有关社会的秘密揭开了。我那时候读的书，除了马克思的著作外，就都是这种社会科学方面的书，比如马克斯·韦伯、马尔库塞的著作。我们都觉得社会科学特别有意思。真正开始学习后，我发现学社会学首先得学统计学。这是非常技术性的专业，与社会的秘密无关，就是纯数学的东西。可是，我讨厌学数学，也学不好数学。于是就想转专业了，想学一门无论从政治上还是从业务上都没有用处的学科。

采访人：为什么会这么想？

阿克曼：我觉得现在我要开始玩一个 Orchideenfach。那时候，像汉学这样的专业被称作 Orchideenfach，字面意思是"兰花学"。兰花很漂亮，可是不实用。我当时就想学这样的 Orchideenfach，比如说，巴比伦学、亚述学，或是类似的听起来非常漂亮，但是不实用的学问。中学时我曾经出于好奇在社区大学学过一些中文,学得不多。这时候,我就突然想起来了,我不是学过一点中文嘛,那么,就选择学习中文吧。

采访人:您在学习中文之前接触过什么跟中国有关的东西吗?

阿克曼:几乎没有。怎么说呢,有一本我曾经读过的青少年读物也许可以算得上。那是二三十年代一个在中国待过的人写给男孩子的一部小说,名字是 *Kleiner Tiger, Großer Berg*(《小老虎和大山》)。小说的主人公是一个十三四岁的德国小孩,他和一个同龄的中国孩子一起被军阀部队抓走了,军阀好像是要他从东北往新疆带什么信息。故事有点荒唐,他们经历了各种各样非常危险的事情。不过,这个作者很敏感,他确实描写出了两个不同文化背景的人之间的冲突和摩擦。这个小说写得非常好,非常有意思。从中可以看到军阀时代中国的状况,作者对当时中国状况的理解非常深刻。我特别喜欢这本书,喜欢里面的小孩,但很难说这部小说到底对我产生了多大影响。这都是我现在的事后分析,也许当时的影响没那么大。我当时也读过简化本的《红楼梦》，可能还读过一些类似的文章，但与实际上的中国没有多大关系。当时，对我而言，中国更多的是一种神秘的、引起我好奇的异国文化。这种神秘对我有比较大的吸引力。我开始学汉学并不是出于政治原因，我那时候也不是毛泽东的信徒。那时，"文化大革命"对学生运动还是有一定影响的，只是这种影响还不太大。

采访人：我很好奇，您在学习中文之前对中国有着一种怎样的想象。从我个人经验而言，在我还没有学德语之前，我不大会区分德国人、法国人，或者是英国人、美国人，在我看来，他们都是西方人。所以我就很好奇，在您还没有真正接触中国或是真正去学汉学之前，中国、日本，或者其他东方国家在您眼里有区别吗？

阿克曼：我爸爸是政治家，他对世界各地的状况也比较了解。和一般的学生或者老百姓比起来，我对世界的了解在许多方面会稍微清楚一点。比方说，我明白日本和中国不是一码事。对我而言，这些国家间的共同点就是一种神秘感。但这种神秘感并不只属于中国，或是东方。其他一些国家对我也有着同样的神秘吸引力，比如南美。我那时候读过好多关于玛雅文化的书。不知道为什么，异国文化对我来说一直都有很大的吸引力。人们对另外一种文化一般有两个层次的意识：一个是知识，比如我学过历史，读过关于鸦片战争的书，这些都是知识；另一个则是想象。对一个人而言，起码在年轻的时候，想象比知识重要得多。我觉得，这种想象大部分应该还是一种下意识的东西。你不是专门去考虑这个事情，可是这种想象还是存在。我估计，那时候存在于脑中的有关中国的想象基本上是《红楼梦》中的中国。而我真正来到中国后感到很失望，《红楼梦》里的中国已经不存在了。

采访人：您在德国开始学汉学，学了几年？

阿克曼：大概四五年吧。

采访人：当时德国的汉学教育大概是什么情况？您能介绍一下吗？

阿克曼：我们开始就学古文，现代汉语当然也学，但汉学内容基本上跟当代中国没有关系。我们的一个老师是研究元诗的著名汉学家，另外一位老师是研究中国佛教的专家，其他老师基本上也从事这方面的研究。那时候我们用的现代汉语教材是美国人编的，老师是中国台湾人，使用的是另外一套注音系统。不过当时更看重古文的学习。我们的老师中，除了一位20世纪三四十年代在中国待过的老先生会说中文，其他的老师都不会说中文，但他们的阅读能力都很强。我们刚进汉学系的时候参加了学生运动，就想在专业上搞革命、搞改革，和老师对着干。老师研究的都是古代中国，我们就要研究当代中国。50年代在中国有一场有关体力劳动和脑力劳动关系的争论，我的硕士论文就是以这场争论为研究对象，以此分析当时中国体力劳动和脑力劳动的关系问题，这更多是一篇经济和社会学的硕士论文。我的导师对我非常好。我是一个马克思主义者，毕业写这样的论文，我的导师沃尔夫冈·鲍威尔（Wolfgang Bauer）说他不懂这些，可是他还是认可了，给了我最高的评价，非常宽容。我非常感谢他。我的导师对经济学一点概念都没有，不过他写了一本非常有意思也很有影响力的书，叫 *China und die Hoffnung auf Glück*（《中国和对于幸福的期望》），描写了中国对幸福乌托邦的想象。他不完全否定研究中国现代历史，第一个让我读康有为、梁启超著作的人就是他。但总体来说，我的导师对当代中国不感兴趣。

第二章
北 大 生 活

采访人：您来北大学习是在1976年吧？

阿克曼：对，中国与西方国家的学术交流始于1974年，我是1975年申请的奖学金，是西德派往中国的第二批留学生。在德国有一个专门的机构DAAD，负责选拔去往中国的留学生。因为我大学期间是学生运动的积极分子，是反对派，所以评审委员会里的老师都不喜欢我。他们就找了一个理由，说我没有资格拿这个奖学金。这样一来，我的导师沃尔夫冈·鲍威尔就急了。因为我刚刚写完硕士论文，不仅顺利通过，而且还得到了最好的成绩。我的导师是德国最有名的汉学家之一，这帮委员会的成员说我不够资格，就相当于说我的导师眼光有问题。令自己骄傲的学生被人说成水平不够，这让他感到很没有面子，完全无法容忍。于是我的导师就去和委员会成员闹，评委只得向他解释，说他们不了解情况，并非对我的专业水平有所质疑。这样，我本来已经被刷下来了，后来又被塞回奖学金名单中。这也算是那些评委没有找对借口吧。

采访人：您上大学的时候不是一直和教授们对着干吗？您的导师为什么还这么帮忙？

阿克曼：那时候，德国汉学界对汉学的理解就是研究古文。可我们学生都要求研究当代中国，不愿意只是读古文。教授们当然会反对，他们觉得我们的主张不够学术。当时只有柏林自由大学稍微开放一点，开始做当代问题研究。我的导师和我吵架的时候会说，你去柏林吧。有一次考试的时候，我的导师给了我一篇古文让我翻译，好像是宋朝人写的，可能是朱熹吧。我就给他翻译过来了，他非常惊讶，发现我还是能读古文的。大概是这件事让他对我的看法有所改观吧。

采访人：当时报名来中国的德国人多吗？

阿克曼：报名的不少，大概那个时代也不可能特别多。不过能够申请到去中国的奖学金名额好像一年只有12个或是15个。报名的人数比获得奖学金的人数要多。

采访人：当时选拔大概遵循怎样的程序呢？

阿克曼：首先需要提交申请，然后由四个汉学教授进行面试。

采访人：需要提交什么材料吗？

阿克曼：好像要提交毕业论文、大学成绩之类的东西，关键还是面试，会考察申请人的汉语水平、对中国历史和其他方面的了解。不过也有一些完全没有汉语背景的学新闻的学生拿到了奖学金。

采访人：1975年应该是您第一次来中国吧，来中国的旅途顺利吗？

阿克曼：当时还没有直飞的飞机，我记得好像是在巴基斯坦转机。有人到机场接我们。

采访人：之前从来没有来过中国，您对中国的第一印象是怎样的？

阿克曼：第一天晚上我落脚在五道口的北京语言学院。那时候的五道口不是现在的五道口。语言学院旁边有一个市场，还有好多骆驼，因为好多货物是从北方用骆驼运来的。房子就是那种破房子，平房，都是小商店、小铺子之类的。我还记得第一天晚上我就站在那儿，给我印象最深的是，人们骑自行车的节奏跟我们骑车的节奏不一样，我们骑车一般来讲有目标，会朝着目标赶路。那时候中国人骑车不一样，看起来慢悠悠的，很省力气，和德国的景象完全不同。可是，我发现这个节奏有一种流动的、很和谐的舒适感。我估计这些人并不很幸福，因为他们也累，吃得不好，家里冷，没有暖气，就

1975年北京五道口（本书中1975—1977年的照片，摄影者为Florian Reissinger）

是靠着小煤炭炉子取暖。但他们日常生活的节奏跟我认识的人的生活节奏都不一样。那时候印象非常深刻，因此，我马上写信给朋友，告诉他这种体验。我自己后来骑车的时候发现，我跟他们不一样，我还是那种欧洲式的急，急着赶到一个目的地。再后来，我就开始想，为什么我不像中国人那样骑车，不是很舒服吗？然后故意放慢速度，慢慢就开始改变了。现在在中国大街上已经看不到当年的这种速度了，变得太快了。你想描写中国四十年来的变化，我觉得，最说明问题的就是这个，所以这个例子我也常用。我现在每一次回德国，下飞机的时候就觉得，难道今天是星期天吗？怎么人们做事的速度这么慢？现在真是完全反过来了。

采访人：我上次去德国，正好碰到门口修马路。我在那里待了一个多月。去的时候马路边堆着一堆沙子和一堆石头。一个多月过去了，路还没修完，那些沙子和石头还堆在那里。

阿克曼：对，是这样。可是怎么说呢，我觉得中国那时候的慢和德国的慢还是有区别的。当然，中国现在确实完全改变了，生活节奏的改变是中国最大的改变，从马路上大家的走路方式就可以看出来。让我觉得有意思的是，当时的社会速度，其实和人们的期待有着密切的关系。那时候，我估计大部分人的希望很具体：吃饱，穿暖，买个自行车。但这个希望也不是你自己能够挣出来的。社会上有各种各样的票，粮票、布票，买自行车也要票。这些票能不能分给你，并没有什么把握，分多少也不是自己决定的。所以就有了那种慢悠悠的速度。

采访人：除了德国，1975年来中国的留学生当中还有哪些国家的人？

阿克曼：好像还有法国、意大利、冰岛、奥地利的留学生。主要还是阿尔巴尼亚人、朝鲜人、越南人，西方人很少。那一批的德国留学生有12人，都是西德人。当时东德跟着苏联，被中国划为修正主义的敌人。还有一些第三世界国家的留学生，非洲的，还有几个菲律宾的留学生。当时在不同国家的留学生中还存在着一种"大巴秩序"。我们当时组织集体活动需要乘坐大巴。开始的时候，第一辆巴士是属于阿尔巴尼亚留学生的,第二辆是朝鲜学生的,第三辆是第三世界国家的学生的,第四辆是西方来的学生的。然后就有变化了,阿尔巴尼亚留学生突然都离开了。"大巴秩序"变成了第一辆属于第三世界国家来的留学生,第二辆属于西方人,第三辆属于朝鲜人。然后又变了,因为1977年左右,美国人来了。第一辆巴士被分给了美国人,第二辆属于其他西方国家的留学生,然后才轮到其他国家的留学生。这完全是中国外交政策的体现。

采访人:和您一起来中国的其他德国留学生都去了哪些学校呢?

阿克曼:刚来的留学生基本上都要先去语言学院。我那时候还不会开口说中文,所以我也上了语言学院。我们先在语言学院学习一年,然后被分到四五所大学里去。分到北京的就是去北大,还有分到沈阳、南京等地大学的。不过在这12个人当中,我估计一半以上的学生一年之后就回家了。他们只在北语学了语言就回国了。他们对中国很失望,因为这个中国不是他们所想象的中国。留下来的四五个德国人就留在北大。我选择了历史系。原因很简单,就是因为可以跟中国同学在一起上课。其他的系,比如中文系和哲学系,会把留学生和中国学生分开,专门开班给外国人讲课。

采访人: 您在北大的学习时间大概有多久?

阿克曼: 不长,在北大待了一年,写了篇论文就毕业了。北大当时的工农兵学员有两种:一种是上大学读三年的;另一种是来进修的,一年毕业。很多人都是进修生。他们已经有了工作,单位派他们到北大进修。我的同学基本上都属于这种情况。可能这也就是历史系留学生可以和中国学生一起学习的原因。其他系也许没有这些进修生,所以只能为留学生专门准备一年制的课程。我还没有听说周围哪个同学的学习时间超过了一年。理论上,只要没有语言问题,马上可以进大学学习两年,可是好像德国学生都没有这个准备。其他国家的同学,尤其是非洲的同学会待得更久些,他们都待了三年。

采访人: 当时班上有多少学生呢?

1976年的北京

三个留学生同学在北京语言学院宿舍楼前合影

阿克曼：我们班里中外学生加一起大概有一百人吧，留学生大概占 20% 的比例。

采访人：能大概说说当时的课程设置和教学内容吗？您还记得有哪些老师教过您吗？

阿克曼：我们主要学习中国近代史，从鸦片战争开始到 1949 年。上课一般都是在上午，偶尔下午也有课，不多。下午，我们要么做作业，要么就进城了。具体的老师记不太清了。你应该理解，当时的教学内容对我实在没有吸引力。整部中国史都变成了儒家和法家的斗争史。历史人物会被"戴帽子"，如果被定为儒家，那么就是一个浑蛋；如果被定为法家，那么就是一个好人。这不是开玩笑吗？大部分的老师也明白，他们讲的内容有问题，可是他们没办法。整个课堂已经与学术无关了，过于意识形态化。我们觉得课程太无聊，常常逃课。当时的管理特别严格，不过我知道，对那些老师而言肯定也不容易。我记得语言学院有一位年纪大的老师，好像姓毛。他跟别人不一样，比较理解我们对什么感兴趣。我们当时都用《人民日报》的社论当教材。

1976年阿克曼在北京

在北大看同学们打羽毛球，右二为阿克曼

老师也不敢用其他教材，《人民日报》是最保险的。可是，对我们而言，《人民日报》的社论太枯燥了，那种语言也不是我们想用的语言。这位毛老师明白了我们的想法，大胆地给我们读汪曾祺的短篇小说。要知道，汪曾祺那时候好像还没有平反。我们明白，这些教书的老师也不容易。

采访人：那时候留学生都住在哪里呢？除了历史系的课程，平时和学校其他院系的师生有接触吗？

阿克曼：我当时住在北大南门旁边，好像是25号楼。留学生和一些中国男生都住在一栋楼里，但我们的生活条件不一样，中国学生八个人一间，留学生一间只住两个人。虽然和中国学生住得很近，但我们不可以随便去中国学生的房间找他们。不过，那时候有一个特别的设置：每个留学生都配有一个中国的同屋。我在语言学院的同屋是个小干部，我对他印象不太深。北大的同屋姓杜，我叫他小杜。小杜是军人，从农村来，他的部队在保定。他是工农兵学员，大概初中毕业的水平，人挺聪明，也很努力，部队就安排他到北大来。他是一个小军官，我不记得他是什么级别了，大概是一个连长。我们有很多交往，我对他印象深刻。按照规定，他需要监督我的日常生活，每周都要写一篇报告，汇报我的状况。可是，我们天天在一起，住一间房子，不可能一直保持这个距离，不可避免地就熟起来了，也成了朋友。我们熟了之后，我发现他自己也烦这个报告，不知道写什么，后来就变成我们商量着写报告。对他们而言，跟我们合住也不容易。我们就是庞然大物，大怪物。早上睡懒觉，还有女朋友，这些对他们来说是完全陌生的。我的同屋也不太知

第二章 北大生活 | 045

1976年跟同屋小杜在北京大学的合影

道应该怎样处理我们的关系。他知道我们必须保持一定的距离，尽管我们住一间房子，私下里是朋友，但对外还是要保持距离，如果混得太熟会挨批评。

采访人：你们现在还有联系吗？

阿克曼：没有。他是部队的，我们分开之后就不能再联系，这是不允许的。我们道别的时候，我问过他我们怎么联系，但他告诉我，不要和他联系。他是部队里的，在当时那种情况下，部队的人怎么可以和一个老外保持联系？毕业后就完全没有了音信，很遗憾！

采访人：除了小杜，你当时还有没有什么其他关系比较亲密的中国朋友？

阿克曼：你不了解状况，除了同学和老师，我们几乎没有和其他中国人接触的机会。偶尔可能接触一次、两次，以后就不敢了，他们也不敢了。麻烦得不得了，联系稍微多一点就会有人找他们，有可能被怀疑成特务。周围的邻居也会帮忙监督，依照当时的宣传，在老百姓的眼里，老外总会有特务嫌疑。中国同学尽管对我们很好奇，可是不怎么敢跟我们混，请我们到家里去更是绝对不可能的事情。除了像小杜这样有任务在身的，其他人不会主动和老外接触，会尽量回避。比如，我当时和一个冰岛留学生混得还不错，但我和这个冰岛同学的同屋从来没有说过话。他们俩关系也不错，但每次我来找这个冰岛同学，他的同屋就会说，我有事要出去，完全出于一种本能的自我保护。女同学尤其不能和外国男人接触，甚至连说话也不怎么方便。你一定不理解这种互相怀疑、不信任，当时就是这种气氛。不仅是对外国人，中国人之间也不是很信任，告状是非常正常的事情。"文化大革命"的高潮刚刚过去，人们在骨子里还都存在着这种害怕的感觉。再加上我离开北大后就没有待在北京，直到1987年才回来，所以我跟这些人基本上都失去了联系。

采访人：在当时的环境下，想融入中国社会还是很难的。

阿克曼：对。你应该理解，对他们来讲，我们就像怪物。普通的中国老百姓都没有见过西方人。我们这帮经历过1968年运动的老外都留着长头发，说话也非常随便，问的问题他们都觉得很奇怪。这种陌生是双方的。面对这样一群奇怪又陌生的人，人们当然会害怕。一般人都害怕跟我们接触。不仅仅因为我们是阶级敌人，或是政治宣传的结果，当然政治宣传也起作用，可是在他们眼中，我们就是这么怪的一些人。他们会觉得，这些人好像不正常。发生在我们身上的一切都太超出他们的意料。可是孩子不会害怕，他们就是好奇。我记得我的一个非洲同学，人特别好。有一次，在农村的时候，有一个小女孩一直就想摸一下他。想摸一摸，看看他皮肤上的颜色是不是真的。后来小姑娘真的摸了摸，看看是不是涂了颜料，能不能擦掉。就是这样，特别天真。

采访人： 确实太陌生，和习惯的日常太不一样。

阿克曼： 你想想，在当时的环境下，就这么一个人，戴着墨镜，头发长长的、卷卷的，个子高高的，这是什么东西啊。

采访人：而且你居然还会说中文，好奇怪，所以常常把人吓到？

阿克曼：对。

采访人：当时和校园以外的社会接触多吗？

阿克曼：我们常常骑车进城，从北大骑车到大栅栏或者到友谊商店。现在看来可能不可思议，但当时我们觉得很正常。差不多需要两小时，往返四小时。我们也不觉得远，因为也没有别的办法。公共汽车爆满，要挤才能上得去，拥挤得一塌糊涂。而且不一定比骑自行车快。我们也没什么事，常常进城，一个礼拜最少两三次。去城里玩，走走看看，去大的新华书店，北大的书店比较小。我们还骑车去过十三陵。那时候去十三陵的路只有土路，路上也没什么路标。我记得有一次和一个朋友骑车到十三陵，我们觉得可能迷路了，不知道怎么走。旁边有两个正在种地的农民。我就下自行车找他们问路，说对不起，请问一下十三陵怎么走？他们很惊恐地看着我们，也不搭话。我就再问他，劳驾您能告诉

1976年一名外国同学挤上北京的公共汽车

我十三陵怎么走吗？他们继续看着我们，瞪着眼睛，嘴张得老大，也不动，也不回答我们的问题。然后，我觉得没办法了，只能掉头离开。我回头后，听见一个人和另外一个人说："你说这老外，真有意思，他好像问我十三陵怎么走。"你明白吗？他完全不能想象一个老外会说汉语，所以他只是觉得恍惚，觉得这个老外好像在问他十三陵怎么走，但他完全不能相信这件事情的真实性。

采访人：一个您这样的老外，对于当时的普通老百姓而言实在是太陌生了。

阿克曼：类似的事情很多。有一个故事，我在其他地方也讲过，就是我第一次在中国旅游。我跟一个德国同学去了大同。在大同住宾馆，宾馆的管理人员告诉我们还是不要出去，老老实实地待在宾馆里面。我们觉得这样多没意思啊，照样出去玩。出门走了走，看了一些那时候很破的、被半破坏的一些东西。可是走着走着，突然觉得不对头，后面有什么声音，回头一看，我们后面跟着一群人，一个很长的队伍。他们和我们保持着距离，后面的人大概根本看不见什么，可还是跟着走看热闹。那大概是"文化大革命"之后，他们第一次看见了外国人。我们一回头，前面的人就停住了，后面的人也都往后退，就像潮水一样。我们当然有点害怕，你想一想一万个人在后面跟着你，看着你呢。后来，我们赶紧回了宾馆。日常生活中，普通老百姓还是会躲着我们。马路上也不能随便和人说话，绝对不可能，人家会害怕，马上就跟你保持距离了，主要是怕惹麻烦。

唯一的例外是大栅栏的大老爷们儿。那时候的大栅栏，有一些吃涮羊肉的铺子，小铺子里面一个巨大的火锅，是那种炉子和锅一体式的，现在已经很少见了。围绕着这个火锅大概有八个人，每个人有一格。那里的老满族人还挺多的，他们什么都不怕，非常潇洒，喝高了之后就开始骂，非常自在，天王老子都不怕的感觉。他们爱跟我们聊天，爱跟我们这些老外吹牛，他们也觉得很有意思。我估计他们这些人年轻的时候都打过架，比较野，没有很多的文化，可能还占着点少数民族的优势，好像也没人惹他们。他们愿意聊，不过我们也不能天天去，就是偶尔去一次。和这些人聊天很有意思，他们不怕,就他们敢和我们聊,其他的老百姓还是会躲着我们。

采访人:您刚才说旅行去过大同,当时外国人可以随意旅游吗?

阿克曼:我们的学生身份有个很大的好处,就是假期的时候可以在中国旅游。那时候,外国人绝对不能离开北京,离开北京都要申请,但我们可以自由出行,寒暑假的时候可以自己出去旅行。当然要告诉外办。而且,我们不仅可以自由出行,还有好多的优待,比方说买火车票、住宾馆之类都非常便宜。跟中国人一样,不用我们买外宾票。我们那时候是大富翁。中方每个月给一个留学生180块钱,此外还有德国给我们的奖学金。

采访人:在当时的物价水平下,你们每个月都有180元奖学金?

阿克曼:是啊,这也是当时的特殊情况。当时中国派学生到德国去,德国的奖学金一个月大概800

1977年夏天，与北大留学生同学一起旅游，左二为阿克曼

马克,不算很多,但是也可以过得很不错。中国当然要面子,所以给出这个不可思议的数字。一个留学生的奖学金可能比当时总理的报酬还高。这个收入高得没处花。可我们当时也并不觉得富有,因为中国那时候物质贫乏,有钱也没地方花。于是,我们就拿着这些钱去旅行。

采访人:都去了哪些地方?

阿克曼:去了好多地方,云南、山东、上海、天津,能去的地方都去了。当然,只能在寒暑假的时候旅行,平时不允许。那时候去天津也是旅游,不能一天往返,坐火车到天津也得四五个小时。

采访人:您当时也和大家一起挤绿皮火车吗?

阿克曼:当然。火车上非常挤。我们要么睡在桌子下面,要么睡在板凳下面,挤得一塌糊涂。我也睡过行李架,和大家一样睡在行李架上。

采访人:您这样进车厢,不会有人觉得很奇怪吗?

阿克曼：当然觉得奇怪。有时候甚至还有人给我让座。这是太大的一个特权了。他们都好奇得不得了，但也不敢赤裸裸地表露出他们的好奇。只能偷偷地瞅一下，再瞅一下。

采访人：很难和老百姓有近距离的接触。

阿克曼：很难。不过我们和中国学生一起"开门办学"的时候可以算是个例外。

采访人：下乡？接受过贫下中农的再教育？

阿克曼：是，这是最有意思的一部分。

采访人：有多久呢？

阿克曼：我们好像在农村待了三个礼拜，在工厂也待了大概三个礼拜。

采访人：农村去了哪里？

阿克曼：农村是北京郊区的一个叫上辇的村子，这个辇字比较少用，是皇帝轿子的意思。好像那里是清朝皇帝从北京去往东北，或者其他什么地方的时候，换轿子的地方。我们就住农民家，睡农民炕，种地、扛粪。西方留学生都很愿意做，很兴奋，觉得特别有意思。中国同学特别讨厌这些农活，他们都是农民的孩子，农村生活对他们而言一点也不新奇，他们根本不感兴趣，觉得没什么意义。所以，他们一直利用我们做借口，说这些西方人不习惯劳动，说我们需要多休息。我们就说，没事没事，我们就想干活。这样他们就不高兴了。

采访人：你们就住在农民家里面，是吗？

阿克曼：对，我们住的这户农民很有意思。他是个老农民，老农民和妻子有一个儿子、两个女儿，儿子是个傻子。他们的日常关系很有意思，我当时也明白了好多事情。比方说这个儿子，他有点傻，当然不是完完全全的傻子；而这家的女孩挺聪明。可是，尽管如此，女孩在这个家里也不算什么，他们的父母就管这个傻儿子，他是家里最重要的人，

1976年"开门办学"时的上莘村

女孩就干活。这个农民看起来非常老，我们后来才知道，原来他才48岁，可是看起来就像已经70岁的人。还有一件有意思的事。我偶然在他们家发现了一个小小的，不知道是什么，大概是一个道教神仙的塑像，不知道他把塑像藏在什么地方才得以保留下来。

采访人：一个佛龛一样的东西吗？

阿克曼：对，不过挡着，外人不能看，当然这是迷信，绝对不允许的，只是被悄悄地放在家里。当时一户农民家里住四个人，两个外国人，两个中国人。农民们很高兴我们来，因为我们来了之后，北大会给他们送肉、送鸡蛋。

采访人：留学生和农民有交流吗？

阿克曼：有的。不过他们说的话带有很重的口音，我们听不太懂。我们和他的女儿聊天。那个女孩开始的时候特别害羞，不敢跟我们说话。后来习惯之后，她会和我们聊她的打算，聊她有什么希望。

其实也没有什么大的希望,就是准备结婚,生孩子。另外那个女孩特别想去北京。她从来没去过北京,去北京就是她的梦想。我们需要干农活,可我们不会干,只能学。我们这时候才明白哪怕扛粪也是一种技术活,没那么简单,不是随便谁都可以,需要学,好好学才行。不过我们学得快,开始有点发蒙,两三天之后就会了。当然,工厂里的活就没那么简单了。我们去过一个做燃气火车头的工厂,工厂里的那些活我们完全不会,干活就是破坏。

1976年"开门办学"时和工厂里的师傅们合影

采访人：这应该是您第一次看到中国农村吧。

阿克曼：是第一次在中国农村生活。"开门办学"之前也去过农村，但我们那时候都住在公社招待所，那不是真正的农村。语言学院"开门办学"去的是中阿友好人民公社。那里离学校不远，我们晚上就回学校了。这是第一次住在农村，住在农民家里，和他们一样睡大炕，一起种地，真正地待在农村。

采访人：住在农村会有什么不习惯吗？

阿克曼：我们觉得好玩极了。无论是在北大，还是在语言学院，管我们的那些人一直都怕我们嫌中国穷。可他们不明白，中国穷或是不穷，这对我们不是一个问题。当然，学校食堂里只有窝头和白菜，这是一个问题，我承认我还是缺乏革命意志。可是，我去农村真的不会抱怨穷或是脏，这对我而言不是问题。我从16岁开始搭车满欧洲跑，住的也不是四星宾馆或五星宾馆，我们住在最简单的、最便宜的地方，因为没钱，吃的也是最便宜的。所以，我觉得生活条件好不好对我一点都不重要。我估计有一些同学可能会觉得脏或是穷,可是对大部分同学来讲,这不是问题。我们对农村非常好奇,觉得非常有意思。我们发现,农民也没有把我们看作怪物,农民不怕这些,他们看到我们并没有什么特别强烈的反应。反而是在城里的时候,大家对我们更害怕。

采访人:城市里的中国人比农村的中国人反应更大?

阿克曼:对,反应更大。当然,我们来之前应该有干部打过招呼,会告诉农民,对待这些外国人应该如何,肯定有这种准备工作。可是农民不太回避我们。比方说我们做农活的时候情绪亢奋,但是又做不好。农民就笑死了,很自然的那种笑。他们觉得我们太傻了,最起码的东西都不会。可是这种笑,也没有什么伤害,是善意的。他们和我们聊天,因为口音问题,有时会有交流上的障碍,需要请中国同学当翻译。可是,他们不害怕我们。比如,我们房东家的两个女儿,开始特别害羞,可是认识了之后,她们很愿意跟我们聊。农民不会因为我们是外国人就感觉需要特别对待。对他们而言,好像没有

第二章 北大生活

1976年"开门办学"时在河北农村参加劳动,左一为阿克曼

这个问题。

采访人：除了和老百姓的交往，当时留学生人数不是那么多，会不会有一些特权，可以去参加一些比较重要的活动？听说您刚来中国的时候还见过周总理，是吗？

阿克曼：对，是在某一个晚会上。他就在门口那儿接待客人，就这样。那时候已经明显可以看出，他的身体状况很不好。那应该是 1975 年年底吧。当时留学生还很少，如果有国家领导人来访问，他们也邀请我们参加这样的晚会，现在这是绝对不可能的事情。另外，当时就那么几个外国人，他们会觉得，你们国家的领导人来访，你们也得参与。我唯一一次跟邓小平接触也是这样的，就是在机场等待接机的时候。

采访人：大概是哪一年？是您在北大期间吗？

阿克曼：施密特总理第一次来中国，应该是 1975 年。我们被组织到机场欢迎施密特总理。飞机还没降落,我们就站在那儿等,那时候很简单,也没有什么安全问题。突然,我就发现旁边有一个个子不高的老先生。我就这么看他,他也抬起头来看了我,我们两个人都笑了起来,因为身高差。然后他用口音很浓的四川话问我是从哪里来的,等等,我们就这么聊了可能几分钟吧,然后飞机就降落了。这位老先生就是邓小平。我那时候知道他在革命时期起了很大的作用,但还没有那么大的影响力。他当时是副总理,并不是唯一的,还有其他副总理。那时候的邓小平还不是后来的邓小平,可我还是觉得这个人不一般,不是因为他的名气或诸如此类的原因,就是感觉到这个人骨子里有一种权威感。你知道,能代表权力,能抓住权力的人,都有这种气质。我那时候也没多想,只是简单地感到这个人不一般,就是这么一种感觉。这不是现在发出的马后炮感慨。我那时候写信,写了好多的信给家里人或是朋友。当时在信里提到了这件事,也提到了这个人有一种特别的气质。我也不知道怎么描述,应该说,这个人有一种权威的气质。

采访人:除了有时参加外事活动,当时的留学生也会参加其他活动吗？比如国庆游行？

阿克曼：当然，我们也被组织和大家一起游行。开始我们觉得很兴奋，积极地参与政治活动。可是后来就发现，这种活动就像你去上班一样，需要早上5点或是6点出发，然后在一个地方等着，一直等到比方说早上10点。很冷，很饿，上厕所也成了问题，甚至有人扛不住，就尿在裤子里。无论天气状况如何，都要等着，等上四小时活动才开始。大家很热情地喊口号，一直到天安门，过了天安门口号就喊完了，然后就散了，各自回家。很快，我们就明白了，这是一种任务。那时候正好是"反击右倾翻案风"时期，基本上是一些针对周恩来的游行，大概一个月要游行一两次。我估计喊这个口号的大部分人也不完全明白是怎么回事，背景就更不理解、更不懂了。去游行已经是日常生活的一部分，特别有意思。比方说，邓小平1976年被打倒，游行时就喊"打倒走资派"的口号。一年之后，邓小平复出，他们又去游行，同样的一拨人。我还记得，有一次看到一群人围着大字报在热烈地讨论，我就觉得他们政治觉悟真高啊。后来，再仔细一听，原来他们讨论的是大字报上的书法，讨论哪个字写得好，讨论书写的笔法。那是"文化大革命"后期，人们的热情已经耗尽，剩下的是一种非常沉闷的感情。我第一次看到人们真正兴奋地游行，就是"四人帮"垮台之后的一次游行。那时候人们确实愿意，有一种真正的热情。

采访人：第一次来中国，来北大，有没有想过要做点什么，譬如文化交流方面的事情？

阿克曼：没有，来北大的时候没有。你应该理解，我能进入这种陌生的世界就完全够了，根本没想到前途、将来怎么办之类的问题，只是想到中国来看一下。

应该说我们那代人也没有这类问题的需要，跟现在的年轻人不一样。现在年轻人面临的工作方面的问题比我们严重得多。那时候，我们都知道，只要愿意就能够找到工作。对于大学毕业生来说，问题不大。这方面我不是特别担心。现在不一样，大学还没毕业就开始找工作，找不到的也要拼命去实习。他们会不断担心以后怎么办的问题。我们那代人当然偶尔也想一想,可是压力不是太大。所以,这确实是我们的一个特权,我们可以满足自己的好奇心,没有目的性的好奇心。

采访人:那么来到中国以后,您觉得自己的这种好奇心得到满足了吗?

阿克曼:怎么说呢,当时觉得很失望。老师和管我们的这些人一直都担心我们嫌中国穷,可他们根本不明白我们的心思。我们根本不在乎穷不穷,我们在乎真和假。我们很快就发现,我们听到的基本上都是假话。那是"文化大革命"后期,"文化大革命"的热情早就过去了,人们都很沉闷,还有一种互相之间的不信任感,每个人都很害怕。你告一个人太容易了,比方说你在马路上跟一个外国人说话,哪怕五分钟,说的也没什么内容,可马上就有人查你。当然我们也发现了,同屋的任务也是监督我们,他们绝对不允许跟我们说什么。这些小小的日常的事情太多了,天天都有。我们也很快就明白了,现实和他们说的完全是两码事。我那时候发现一个很有意思的现象。对当时的中国人来讲——我用"假话"这个词，不完全对——有两种现实：一个是意识形态方面的现实，一个是实际生活方面的现实。他们并不以为自己说假话，他们说着有关阶级斗争的事情，他们觉得也是现实，是跟他们的实际生活没关系的现实。对他们而言，从一个形式切换到另外一个形式是不成问题的。而我们则受不了这种两个现实完全不匹配的状况。对他们来讲，政治的现实完全不符合实际生活的现实，不是一件接受不了的事情，而是理所当然的。大家会去游行，不断地去游行，游行时很热情，回来之后还是过日子。这样的生活对我来讲非常陌生。我觉得我可以撒谎，可是我知道我是在撒谎，心里会有一种罪恶感。为了某一个目标或是出于害怕，我也可能撒谎。可是，我起码有基本的辨别：一个是真话，一个是假话。但我发现，在当时的大多数人看来，两个都是真话，两者之间完全不存在矛盾。这样的情况让我觉得非常难受。比方说，我们去农村，看到这个农村的状况，到处破得一塌糊涂，人也穷。然后人民公社的领导或是县长来了，跟我们讲，现在的农村多么好，农业怎样发达，贫下中农如何如何。这听上去太荒唐。刚开始，我感到特别愤怒，觉得他们简直是在开玩笑，或者把我们都当作傻瓜。后来我就明白了，这是个很复杂的现实，这个人不是故意糊弄我们，他对农村的状况比我们清楚，完全知道农民一年的收入是多少，他都知道，可他还是说另外一个现实，因为这是他该说的话。对我来讲特别有意思的是，他并不觉得其中有什么矛盾。

采访人：类似的情绪和看法也发生在其他留学生身上吗？

阿克曼：留学生的态度也不完全一样。比如我当时的女友是法国人。这些法国人很有意思，他们比我们还"左"，1968年运动在法国的发展情况比在我们那里还要厉害。我的女友是法国高级资产阶级家庭的孩子，我后来去过她家。她家住在巴黎最贵的市区别墅里，吃饭之前需要换衣服。她就来自这样的家庭。她非常矛盾，一边是极"左"的革命家，一边又喜欢这种奢侈的生活方式，很复杂。这些法国人的脑袋里装的都是有关中国革命的乌托邦想象。刚开始，你只要说一句批评"文化大革命"的话，她马上就发火。但后来也有了变化，她也感到特别失望。法国同学当中这种比较激进的学生要多一些。我们德国的留学生相当大一部分就是希望老老实实地学汉学。可是他们来了以后也觉得没有多大意思,汉学也没有什么进步。他们就想在中国继续做他们的研究,不过那时候是没法继续做的,所以他们慢慢也有点失望。我的那些德国同学都比较保守,对政治也不是特别感兴趣。他们觉得参加游行很烦,没什么意思。他们想读书,真是想读书。

采访人:对于中国的状况如此失望,可为什么在语言学院的课程结束后,您还是选择继续留在中国,后来又去了北大,当时是怎么考虑的?

阿克曼:我刚开始的时候觉得愤怒和失望,可是突然间我就明白了一个道理:这个问题不在于中国,而在于我自己,在于我看待中国的方式。我好像有一个要求,觉得中国应该符合我的愿望,符合我头脑中的乌托邦想象。可这样的想法是荒唐的。中国就是中国,我就是我。当然思想上的这种改变也不是一下子产生的。后来,我就决定放下所有想象中的东西,像一个小孩一样去看世界,这样就好多了。

应该说，这种两面的经验，对我的生活产生了很大的影响，改变了我的生活。因为我突然明白，世界不是你所想象的世界，也不是你在课本里读到的世界，所以我决定不再继续做汉学研究。这个世界比你想象得丰富，比你想象得复杂，充满矛盾，有比书本上多得多的矛盾，也不符合你的愿望，可这个世界不是为你而存在的。我就是从这个时候开始对中国有了一种感情，这种感情让我在离开中国的时候非常舍不得。原来好多东西让我觉得受不了，想通之后，我好像突然就没有了负担，一种很重的压在我身上的东西就没了，我可以比较放松地跟这个世界交流。

类似的故事还有很多，比方说我和哪个女孩子谈恋爱了，这可能会更有意思，可是这样讲下去是讲不出真正的东西的。我觉得有意思的也不是这些，我要讲的是一个修养的过程。对我而言，这两年的中国经历改变了我的生活，改变了我的思维方式，改变了我的世界观。我的中国经历不是这个或那个故事，它们没有那么多的戏剧性，它们就是日常的、每一天的生活。比如印象最深的是去食堂吃窝窝头，我们开始挺革命的。我们有留学生食堂，伙食稍微比中国学生的食堂好一点。我们当然拒绝了,我们是革命者,我们选择跟中国同学一起吃。可是,吃了三天,我们就回到留学生食堂了,因为确实吃不下去了。一般学生的食堂几乎很少有肉,特别是冬天的时候,基本上天天都是白菜窝头、窝头白菜,就是这样。当然,留学生的伙食也好不到哪里去,但至少我们还能看到一点肉。这样的白菜窝头不光我们吃不下去,中国学生也吃不下去,可他们还得吃。他们也觉得难吃得不得了,可是对他们而言,这是日常生活。他们也幸福得不得了,因为他们可以上大学,可以上北大,不用在农村干活。这不是一个故事,这是一件你突然间就明白了的事情。他们能有什么选择?好不容易能够从农村到城市里,到北大,或是其他某所大学。无论是哪个大学都很不容易,就像是做梦。这些年轻人能上大学的可能性只有1%,其他人就一辈子在农村干活。农村也不是罗曼蒂克的农村,不是我去农村玩时所理解的概念。农民也不喜欢他们,嫌他们碍事。他们给我讲的故事不是通过文学作品能够看到的,他们会给我讲他们的各种经历,他们什么都看过。这些故事一点都不浪漫。除了各种艰难,摆在每一个人面前的也常常是一种很平淡的生活，平淡到无聊。所以，当他们这些人能到北大的食堂去，能吃到这种特别差的窝头，能喝一点白菜汤的时候，就已经幸福得不得了了。如果你意识到中国学生背后的这些生活背景与外国留学生的生活背景明显不同，你就会明白，实际的生活不是故事。我第一次去中国，去北大，对我产生影响的就是实实在在的生活，是平淡的生活。

采访人：中国之行改变了您的思维方式，对您的人生产生了重要的影响，您回国后还将自己在中国的经历写成了一本书。作为比较早的描写中国生活的文字，听说这本书在德国国内引起了很大反响。对于您前往中国的决定以及您在中国的种种经历，家人和朋友的态度如何？

阿克曼：我父母当然没意见，他们自己就是一直跑来跑去的，他们觉得挺好的，不会反对什么。我那时候已经与当时的妻子分居，基本上属于单独一个人的状态，也没有太多的顾虑。身边大概有好多人会觉得，去中国，这么远啊。倒也不会觉得去中

第二章 北大生活 | 075

1977年阿克曼在北京大学留学生宿舍

国很危险，就是觉得太远了。当然也有一部分迷上毛泽东的人，他们觉得"文化大革命"是好事情。我自己从来就不是毛泽东的狂热分子，可是我身边会有好多人将中国视为社会主义乌托邦的实现。我本人虽然没有这么激进，但在来中国之前也会对"文化大革命"，对中国革命，对毛泽东有一种期待。我当时在德国属于搞革命的积极分子。在我们这个圈子里，有好多人会觉得，太好了，你能去中国，太棒了，是这种感觉。我来中国后常常跟他们汇报所见所闻。然后，他们就糊涂了，觉得我说的事情不符合他们的期待，不符合他们对于中国的想象。他们中的有些人很愤怒，觉得我是一个叛徒，有时还会跟我争论，认为我什么也不懂。

采访人：在乌托邦的想象破灭之后，您会不会开始理解您父亲从政治出发的思维方式？

阿克曼：我还是会跟他们吵架、争论，仍然觉得他们很荒唐。当然，我也明白，我的想法中有乌托邦的成分。这时候让我感到不容易的是，怎样才能让他们明白我的体验。回国后，我写了《门里门外》一书，在德国引起了轰动。为什么这本书能在德国人中产生轰动呢？我觉得，就是因为我完全在用另外一种眼光看中国。既不把中国浪漫化为革命的乌托邦、共产主义的乌托邦，又不将它妖魔化，把它描写成一个魔鬼的世界。我书里面写的就是生活，一种日常的生活。这是德国人根本没有想到的。闹革命、讲故事，这些每个人都可以理解，可是这种日常的生活，是你想不到的。我那时候就想让他们理解日常的中国。我没有讲什么理论，也没有讲什么革命。前言里，我先批判了完全用一种理论概念来看待中国的人。我想说，我现在不跟你讲这些革命理论，我就跟你讲一种非常日常的东西。没想到，这样的讲述方式会产生这么深刻的影响。我还以为没人感兴趣呢。所以，出版社找到我说要出一本书的时候，我并没有太多的想法。我就觉得把书写出来就算了，反正也没人看。要知道，那时候出了好多关于中国的书，有些人到中国去采访三个礼拜，就能写一本厚厚的书。这些书要么对中国做浪漫化的解读，要么是很理论性的东西，要么就是宣扬"中国威胁论"，或者说中国只有一些"蓝蚂蚁"之类的。当时书店里这样的书多得是，卖得也非常好。所以我那时候觉得,写了这些日常生活的事情,没人会感兴趣。

这本书里还有一些有意思的照片,是我的一个朋友拍的。他也是我的同学,现在是德国最棒的翻译,过去好多国家领导人来中国访问,都由他来做翻译,现在不干了。他拍的照片很有意思,我一直想动员他,把那时候拍的照片拿出来做一个展览。因为在当时的中国,第一,有照相机的人很少;第二,有照相机就拍家里人,穿好衣服,或是女孩子拿着一朵梅花就这么站着,然后拍成照片。他就不这么拍,他拍的照片真的抓住了那个时代,反映了1975年到1977年间中国的真实面貌,我觉得非常有意思。

采访人:会不会有周围的朋友直接跟您聊起这本书?您收到过读者来信吗?

阿克曼:有,无数。

采访人:读者来信里大概都会说些什么呢?

阿克曼：内容很不一样。有一部分人会骂我，还有一部分人说他们特别高兴，可以看到这样一本书，觉得第一次开始理解中国。夸我的我还都留着，骂我的我不爱读，扔掉了。当时不断有人请我去做讲座。后来，我也有点腻了，感觉不断重复这些事情没有更多的意义，于是就放弃了这件事情。

第三章
歌 德 学 院

采访人：您从北大毕业后就回国加入歌德学院了吗？

阿克曼：毕业后我去了中国台湾，然后就回德国了。刚回德国的时候，我的职业是自由记者。那时候，我就决定不再学汉学了，因为我觉得汉学跟中国没有关系。做了记者比较自由，写了广播电台的讲座系列，还有其他的一些文章。可是因为我的第一个妻子去世了，我突然要一个人养一个孩子，所以需要一份比较稳定的工作，不能这么随便跑来跑去。如果继续做自由记者,就得非常灵活自由,随时可以出发。于是我放弃了自由记者的工作,申请去歌德学院工作。1981年我开始在歌德学院工作,1983年回到中国。

采访人:是进入歌德学院工作了一段时间,然后才返回中国?

阿克曼:对,那时候进入歌德学院,先要做两年的德文老师。我之前从来没做过老师,进入歌德学院后发现当老师很有意思。给外国人教德文,我挺喜欢这份工作,感觉特别好玩。用各种各样的方式去教学生,我也想实验一下,一个语言可以怎样教和怎样学。我还挺喜欢这两年的工作,加上班里还有各种各样特别漂亮的女孩,这也是好事。我还记得我教的第一个班里有一个中国人,叫薛钟灵。他是一个建筑学家,后来是清华大学的教授,我们成了朋友。他那时候在德国留学,是位很好的建筑系教授,建了很多非常好的有意思的房子。他对城市的破坏感到失望,比较早就开始注意到环境保护、节能这些问题,比其他人都考虑得早。

第三章 歌德学院 | 083

1981年阿克曼在慕尼黑歌德学院教课

1983 年我被派到同济大学留德预备部,当时还不可能在中国建立歌德学院,所以德国在同济大学开设了留德预备部,为将来到德国上大学的中国学生做准备。当时的师生配比特别离谱,为了这个预备班,专门派了六名歌德学院的老师、六所大学的教授,给 50 名中国学生教授预备课程。形式上这个预备班还是一个中国机构,隶属于同济大学,当然不可能是德国机构。可是老师都是德国人,所以有一个被称为德国代言人的岗位,我就是去做这个代言人。那是一段过渡时期,很有意思。

采访人:当时已经允许进行这种大学间的合作了吗?

阿克曼:大学间的学术交流开始得比较早,70 年代末就开始了,因为中国非常需要。第一批中国公派留学生去西方大概就是 1977 年、1978 年。

采访人:您是 1983 年第二次来到中国,在上海同济大学留德预备部工作?

1983年的阿克曼

阿克曼：对，在那里工作了两年，直到1985年。

采访人：同济大学现在好像也还有一个留德预备部。

阿克曼：是，他们现在还有一个类似的机构，可是已经不一样了。里面没有歌德学院的老师，也没有专门派去的德国大学的教授。最早的留德预备部好像在1986年或者1987年就取消了。

采访人：您 1983 年到 1985 年间待在上海，之后呢？

阿克曼：然后开始筹建北京歌德学院了。好复杂，好复杂，好复杂，谈了四年。

采访人：据说这件事是科尔总理提出来的。

阿克曼：对，是 1984 年科尔首次以总理身份访华的时候提出来的。他和邓小平见面的时候提到歌德学院，说德国很希望能在中国设立一所歌德学院。邓小平根本不知道歌德学院是什么东西，大概知道歌德是谁，所以就说可以。我那时候正好在同济大学，他们有人知道我是歌德学院的，就跑来咨询。有一天突然来了一个外交部的代表团，三四个人，向我了解歌德学院。我觉得莫名其妙，他们也不说为什么，就说随便了解一下。我就给他们解释，说这是一个对外文化交流中心，把他们吓坏了。当时在中国建立这样的机构是绝对不允许的。可是邓小平已经说过可以了，这个事情很难办。后来干脆就是用拖的方式，不提，或者说我们正在做，正在研究。然后，1986 年科尔又来了（科尔作为总理第二次访华应在1987年。——采访人注),又跟邓小平讲,又提到了歌德学院。邓小平说:"还没办吗?"然后——这是真的,有人在场亲耳听到后告诉我的——他对科尔说:"总理先生可以看到官僚主义的厉害了吧。"然后他让一个助手或是秘书记下这件事。这样,下面的人就没办法了。

接下来的主要问题是歌德学院这样一个机构应该由谁来管。谁都不愿意管,这种"有毒"的东西谁都不愿意担责任,所以他们就互相推诿。外交部、文化部、教育委员会相互之间推来推去,后来就考虑让对外友好协会去管。可是对外友好协会的级别不够,就更不合适了。经过各方的共同努力,最终决定由教育委员会来管这件事情。之后就是漫长的谈判,1986年、1987年都在谈判,谈来谈去都不成。然后只能拟出一个协议稿上交给国务院。可是,这个草稿被国务院拒绝了。修改的方案又被德方拒绝了。整件事情弄来弄去,僵持了特别久。

采访人:您参与这个谈判过程了吗?

阿克曼:我没有参与谈判过程。这是政府间的谈判，是德国外交部和中国外交部谈，歌德学院不可能参与的。可是大概在1985年、1986年，我回来之后，当时的歌德学院秘书长就叫我做好准备，说我早晚会去北京办歌德学院。

采访人：您在1985年之后又回德国了？

阿克曼：对，1985年从上海回德国了。那时候歌德学院的秘书长说，很快会有一个歌德学院，你先回去吧，做做准备工作。所以，基本上我那时候的工作就是为中国留学生编写一个准备上大学的教材。

采访人：编教材？

阿克曼：对，我跟几个北外的德文老师一起编了一套教材。歌德学院说，你现在就做这个，等着吧，反正我们不给你安排别的工作了，你就以编教材的名义等着。然后弄来弄去，到了1988年春节的时候才签协议。1987年年底，歌德学院让我回中国，也是以编教材的名义。他们说，很快，你好好准备。然后，我就在北京待着。

采访人：这一次回北京是在哪一年？

阿克曼：大概是 1987 年 10 月回到中国，然后 1988 年协议签订。协议的签订也很复杂，因为不允许我们搞文化活动，只允许教德文，或是从事跟德文教学有关的活动。

采访人：谈判了这么久，双方主要的分歧在什么地方？

阿克曼：有几个要点：第一个问题是，刚开始时中国不同意歌德学院作为一个德国机构在中国存在，不可以在中国成立一个德国的机构，这是一个谈了很长时间中方都不肯让步的地方。中方说，实际操作上你们可以做，可是法律上应该是一个中国管理的机构，比方说是北外下属的一个机构或者其他类似的形式。第二个问题是，德方开始的时候不愿意设立中方院长。第三个问题是，任何一项活动都要上报审批。最后，在能不能做文化活动这个问题上，德方让步了；在是否设立中方院长的问题上，德方也让步了；在是否允许歌德学院作为一个德国机构存在的问题上,中方让步了。这是谈判的关键,也是中方最不容易让步的地方,因为这是违背当时政策的。

采访人:这件事情最后是怎么办成的呢?

阿克曼:我估计,最后还是邓小平拍板了。因为他不希望客人第三次来的时候这件事情还没有解决。这是一个原则性的问题。如果让德国这么做,其他国家提出类似的要求也不能拒绝。

采访人:歌德学院正式成立的具体时间是什么时候?

阿克曼:1988年11月1日在北外大礼堂举行了开幕仪式。1988年10月27日,我的女儿出生。在开幕式上,我把歌德学院成立和我女儿出生这两件事结合了起来,这个发言让一些人当场就感动得哭了。

采访人:当时是不是也是有感而发,觉得太难了,整个歌德学院建立的过程太难了?

阿克曼：太难了。我虽然没有直接参与，可是好多人和我谈了整个过程的复杂性。参加开幕式的有外交部部长、歌德学院主席、中国外交部副部长、教育部副部长。还邀请了很多人，德国大使馆的人、北外的人，我估计大半当时在北京的德国老师也都来了，总共大概有800人。我一边讲德文一边讲中文，应该是讲到大家心里辛酸的地方或是感觉艰难的地方了，下面的听众特别感动。

采访人：这件事情真是挺不容易的。难以想象，在歌德学院建院之后的十多年，中国再也没有接受第二个国家在中国设立文化机构。

阿克曼：对，太不容易了。这也违背了五十年来的基本政策，在中国不允许成立国外的文化或教育机构，所以后来中方尽可能地保持低调。那时候中方要求歌德学院必须有一个中方副院长，这是他们的绝对要求。德方感到很别扭。我就说没关系，对我很有帮助。反正他们也会看着我们，别担心这个。派来的副院长挺有意思，挺管用的，并不是太干涉我们的工作。因为我们属于教育部管，所以办公地

1988年，筚路蓝缕的建院初期

点也由教育部安排。于是我们就被安排到北外。北外也不高兴，他们怕麻烦，怕出事。在地点的选择上，我们和北外也争执了很久。他们想提供给我们的地方我们觉得不合适，我们想要的地方他们又不想给。这样折腾来折腾去，后来答应给我们半个教学楼，50年代盖的那种老教学楼。后来我们就在那儿建立了歌德学院，一直到2003年。好像是1997年或者1998年，我们被划归到文化部管，之前管我们的一直是教育部。

采访人：被划归文化部后有什么变化吗？

阿克曼：实际上1993年中国政府就开始允许我们搞文化活动了。这个变化来得非常突然，谁都不知道为什么，我也忘了追问原因。从80年代开始，德国和中国每隔四年就会谈判一个文化合作协议。1993年又需要谈判下一个文化协议了，这时候，中方突然表示可以允许歌德学院搞文化活动。

非常突然，我们都没有做好思想准备。当时主持谈判的德方负责人好像是科尔的一个中学同学，他根本不懂形势。中方主动提出允许歌德学院搞文化活动，他还在那里一直问你们为什么不允许我们搞文化活动。

采访人：第二次谈判，您应该在场吧？

阿克曼：我在场。很奇怪，1993年允许我们搞文化活动，1994年又突然出现了一个叫"反和平演变"的说法，并且把歌德学院说成外国进入中国进行"和平演变"的矛头。你可以想象，我们准备的文化活动都被"枪毙"了。

采访人：当时准备了哪些项目，还记得吗？

阿克曼：德国有一位世界级的知名艺术家，叫君特·约克（Günter Uecker）。1992年，我陪他去西藏。他一定要去西藏。我说，好吧，我陪你去，但有一个条件，你要给我专门办一个展览。我第一个在北京、在中国办的文化活动就是你的展览。他同意专门做一个展览，叫"给北京写封信"。我们需要为这个展览找一个地方，太不容易了。国家博物馆不接受。后来，我们就找了一个北京的文化中心，租了他们的房子。我也不知道这个文化中心的负责人是怎么弄的。那里不是一个专业的画廊，他也想挣一点钱，管他的可能不是市政府，是区政府吧。区政府可能不大了解这些状况。反正外国艺术家在中国办展览，他们也没多想就批了。或者，这个人的关系特别多，也许文化厅的主任是他的哥们儿吧。就这样批了，我们都很惊讶。因为我们已经发现了，没有一个博物馆肯接受这个展览。展览的场地找到了，画册也已经印出来了，全部都准备好了。他刚刚把东西在德国装好准备运走的时候，不允许办展了。我们一年的计划全都被"枪毙"了。这种状态一直持续到我1994年离开中国。好像1996年开始慢慢地缓和起来了。

采访人：那么1993年之前，歌德学院从事的主要是语言培训？

阿克曼：当时的工作一个是语言培训，另一个，可能是那时候最重要、最起作用的工作，是我们建了一个图书馆。

采访人：建院的时候图书馆就同步建起来了？

阿克曼：对。我从一开始就要求这个图书馆应该是双语的。我们尽可能多地购买与西方文化、艺术等方面相关的中文书，台湾出版的也买，香港出版的也买。因为那时候大陆还没有网络，也买不到这些书，图书馆里也没有这些书，所以应该说歌德学院图书馆在80年代末90年代初，对中国的艺术和

1988年建院搬家,摄于北京外国语学院

人文方面产生的作用是巨大的。现在已经是大学者或是大艺术家的那些人，很多都去过歌德学院的图书馆。对他们来说，这个图书馆是一个天堂。他们在图书馆看了画册，看了好多根本买不到的书。他们都记得歌德学院图书馆。

采访人：我比较好奇，歌德学院的经费由德国政府支付，政府会不会对歌德学院的运转方式发表一些意见或者有一些或明示或暗示的期许？

阿克曼：没有，他们也不敢。这是一个敏感问题。歌德学院是1954年建立的，起初跟现在的孔子学院一样，主要是在国外教德文。文化也不是不能做，可不是主要任务。那时候德国经济发展比较快，跟现在的中国有点相似，在其他国家，特别是邻近国家里，对德语的需求越来越多。可是这些国家的学校里不怎么教德语。所以开始的时候，歌德学院主要设立在邻近国家，后来才慢慢转化为一个文化机构。

采访人：原来歌德学院最初的定位并非文化交流机构。

阿克曼：是的，刚开始主要是为了满足国外学生学习德语的需求。在政府之外单独建立歌德学院和德国经历过纳粹时代的经验有关。德国有过文化被政权利用的教训，所以德国人希望将政治和文化尽可能地分开。在歌德学院建立的初期，有一点是很明确的，那就是，歌德学院不是一个政府机构。按照中国的说法，它是民间组织，不要政府干涉它的工作内容。当然，这是理论上的说法。在六七十年代，甚至一直到80年代，歌德学院常常跟政府闹矛盾。比方说，我们请了某位极"左"知识分子，那么大使馆就会不高兴，政府也会不高兴。按照规定，假如大使觉得歌德学院的活动影响了德国在国外的声誉或者利益，他是有权不允许进行活动的。

采访人：一票否决。

阿克曼：对。理论上，他可以这么做。可是，实际操作中会有一个非常复杂的协调过程，不是他说不许就不许的。而且，每当出现这样的情况时，德国媒体就会开始骂政府。这样，德国政府对歌德学院也会有所不满，甚至有舆论说歌德学院是一个极"左派"的机构。保守派政治家特别不喜欢歌德学院。他们认为，你们动不动就谈纳粹时代，要干吗？诸如此类的事情。而媒体大部分时候是支持歌德学院的。所以，基本上结果都是公共舆论骂大使不懂文化，大使以后就尽可能不干涉。1968年学生运动确实在好多方面对德国社会产生了重大的影响，社会确实开放了。现在基本上可以说，德国公众和政治家的共识是，政治不要干涉文化。文化可以干涉政治，可是反过来不行。

有一位德国总统说过，你可以用文化做政治，可是你绝对不可以用政治做文化。基本上这是现在所有人都同意的立场。现在政治与文化的对立性也不像六七十年代那么绝对、那么厉害了，所以也没有什么大矛盾了。我也跟大使馆闹过矛盾。有一次，因为一个文化展览，我被人写了报告，被说成不代表国家利益，说我跟中国人"上床"。"上床"的说法是一个比喻，意思是说我和中国人走得太近了，等等。后来，我快离任的时候，有一家香港报纸来采访，问我在大陆工作是不是很难，官方有没有影响我。我说，他们的影响还不如德国大使馆，如果没有德国大使馆不断打扰我的工作，我还更好办。

采访发表之后，炸锅了。歌德学院主席还批评我，说你不能这么说啊，诸如此类的。

采访人：您后来去了莫斯科和罗马当院长，会觉得和在中国当院长有什么区别吗？

阿克曼：当然有很大的区别。在中国，这个工作是个不断实验的过程。能做多少，界限在哪儿，工作范围多宽，都需要探索。胆子不能太小，当然也不能盲目地去做，这是一件非常微妙的事情，是一种不断的探索，也是一种特别的工作。在中国，文化和政治是分不开的，需要不断地考虑目前的状况、趋势以及对方的利益，等等，非常复杂。这是一方面。

另一方面，在中国做这种文化交流比较容易，因为好多事情是第一次，我的位置也比较特殊。当然，现在跟当时完全不同，现在中国搞文化的人常常出国，也不需要借图书馆来认识世界。可在当时，我们几乎是唯一的看世界的窗口。

采访人：好多年之后才有法国文化中心。

阿克曼：对，十六年之后。所以，这是一种很特别的情况，在中国，一分钟都不能忘记政治。莫斯科当时完全不同，莫斯科是疯狂的。那时候苏联刚刚解体，穷得不得了。我到莫斯科的时候，商店里什么都没有，连伏特加都没有。可是，莫斯科有120个剧场，每天都满座。

采访人：每天满座！

阿克曼：对，好像俄罗斯人可以没有面包吃，但不可以没有戏看。对我来讲这是完全不同的情况。我那时候不会说俄语，突然被扔到一个完全陌生的世界，我感觉自己快不行了。这是一种极端的经验，绝对极端的经验。

采访人：比当年来中国还甚？

阿克曼：比当年来中国还甚。第一，我的位置完全不同，那时候是学生，有接收我的单位，我也享受单位的照顾。除了做学生之外，没有什么别的任务，也没有什么知识分子、艺术家，没有这个圈子。

俄罗斯不一样,俄罗斯那时候刚刚经历了苏联解体,整个社会乱得一塌糊涂,什么情况都可能发生。我在莫斯科举办了活动,我跟这些人做了很多在其他地方绝对不可能做的事情,大概现在也不能做了。当时完全没有任何障碍。

采访人:任何意识形态,任何道德,什么都不存在了?

阿克曼:对,都不存在了,主要是喝酒。你知道,那些人看起来根本就没有未来。他们不会去想明天,谁知道明天会怎么样。非常乱,不安定,没人管,你也不知道这个国家以后会怎么样,不知道自己有没有工作,也许今天有,明天就没有了。就这么一天一天地活着吧,只要有酒喝就好。不过,这却是对想象力的巨大推动,这些人什么都想得出来。还有,这些人特别会想办法,所以跟他们在一起太好玩了,发疯地玩。

采访人:您当时的妻子也跟您一块去了吗?

阿克曼：对，我就先落实房子之类的事情，她之后就过来了。

采访人：她也会觉得很疯狂，很有意思吗？

阿克曼：她不喜欢，她恨莫斯科，她觉得太黑暗。

采访人：太黑暗？

阿克曼：太黑暗，你应该理解，我们来的时候每一个超市旁边都有两个带气枪的保安，因为怕有人抢食品。加上莫斯科在北边，冬天的时候三点钟就天黑，早上九点太阳才出来，又极冷，基本上半年都是这样。她不会说俄语，所以也没有什么参与感。我后来拼命学俄语，我之前没有去过一个我完全不懂语言的国家，加上文字也不一样，所以我去之后就拼命学俄语，没有办法，要不然就活不下去，会有一种巨大的紧迫感。加上歌德学院所在的位置，是过去的东德大使馆。东德在80年代末或是80年代中盖了一个新的大使馆，在郊区，很偏远，体量巨大。我来的时候是冬天，一片雪白，下午三点就开始天黑了。然后站在这座巨大的房子里头，一个人，看到外面只有一片白，就这种感觉。后来去了罗马，倒是舒服，但很无聊。

采访人：怎么会无聊呢？

阿克曼：假如你是考古学家，或是历史学家、艺术史家，那么罗马就是天堂。可是我现在从事的是文化交流，那儿就没有多大意义了。今天的罗马不是一个有文化创造力的城市，但却是世界上最漂亮的城市，毫无疑问。我特别爱在罗马走路，当然我对艺术史，对艺术也非常热爱。可是，搞文化活动，这里就没有生机了。在罗马很舒服，吃得好，混得好，可是我觉得有点没有自我。那是另外一种生活，当然也是一个挑战，因为与这里的历史、环境没法对着干。

采访人：什么叫没法对着干？

阿克曼：我打个比方。我那时候有一个想法，罗马有一个圣路吉教堂，里面有四幅卡拉瓦乔（Caravaggio）

的画，主题是圣马太受难，我特别喜欢，常常去看。我想，"受难"，不是一个很好的题目吗？我们就策划了一个活动，请四五个艺术家，德国的、意大利的，跟这四幅画进行一场对话性的活动，谈受难的问题。然后，我就跟一个很有名的策展人谈起这件事。他马上说："你疯了？"谁敢跟卡拉瓦乔对话，没有一个人敢，没有一个人会认为自己有资格。面对卡拉瓦乔，你只能臣服。

采访人：这是一个对意大利人没法跨过去的障碍还是德国人也不敢？

阿克曼：大概世界上所有的艺术家没有人敢站出来跟卡拉瓦乔去对话。他们也知道，观众的反应还可以，可是跟卡拉瓦乔比还差得远呢。整个罗马其实多多少少都会给你这种感觉，过去的负担太大，经典的重量太大。再加上罗马文化的情结：罗马人有一种骄傲，认为他们什么都看过，他们什么都用过。如果你在这个地方做文化活动，他们就会想，你这个人干什么呢。

采访人：确实，我也去过罗马，在罗马街头，不管是问路、购物，还是和当地人聊天，只要你在谈话中赞美一下罗马的美，罗马人的反应大都是"当然，你知道，这是在罗马"。他们会觉得，一切对罗马的赞美都理所当然，觉得除了罗马之外，其他的地方都可以忽略不计。

阿克曼：是的，在罗马人眼里没有别人，除了罗马别的地方都不用提了，是这样的。在罗马，我负责全意大利的歌德学院。意大利有七所歌德学院。那时候歌德学院也意识到，现在这个邻居国家实际上不怎么需要传统意义上的歌德学院的存在了。确实是这样，因为意大利文化界和德国文化界本来就关系密切。他们互相都认识，不断地见面交流。从这个角度来讲，欧洲歌德学院已经不再担负过去的作用了。所以，你要自己去挖掘开展活动的可能性。现在，我们更多地需要变成一个自己制造项目的文化机构，而不仅仅是提供交流的平台。在当下这种环境下，已经不需要由你来提供什么交流平台，艺术家和其他从事文化创作的人自己就会进行交流。你也不用向这些邻近国家介绍德国的当代文化，因为他们都知道。所以，歌德学院能够起到的作用完全变了。那时候，总部就觉得意大利的费用太高，他们希望把钱用到中国，或是其他第三世界国家去。总部希望进行这样的调整，所以我也需要将意大利歌德学院的预算减少一半，这当然不是一件很愉快的工作。

采访人：需要把部分分院关闭吗？

阿克曼：关掉也不行，因为有政治原因，关不掉。我曾经建议关掉一个西西里的歌德学院，然后他们就找到一位议员来说情。这个人不知道跟西西里有什么特殊关系，全力帮着西西里歌德学院抗议，闹得一塌糊涂。最后，歌德学院的领导只能妥协。尽管如此，还要减少一半的预算，非常不容易。生活很舒服，工作不容易，这大概就是在意大利歌德学院期间的感受。

采访人：在罗马之后，您又回到中国，这是总部的安排还是您自己的要求？

阿克曼：是我自己的想法。我感觉在罗马待得有点腻了，不想在那里继续做下去了。总部希望我去巴黎或者纽约，可是我不想去。考虑来考虑去，那我就想还是回中国试试吧。

采访人：什么叫回中国试试？

阿克曼：当时的歌德学院分为十二个大区。北京歌德学院刚成立的时候，中国属于东亚区，那时候还没有独立出来。后来，德国方面觉得中国是一个重点，想把中国单独划作一个大区。我就想做这个区长，也就是这个总院长。我就说，我先去一趟看看。我离开中国已经十二年了，其间几乎没有回过中国，不知道现在回去有什么感觉。因为你知道，回到一个地方并不容易。

采访人：在此期间做的事情跟中国完全没有关系，十几年间没有回过中国，然后现在又要重新进入这个国家？

阿克曼：对，是这样。

采访人：回来之后感觉如何？是想先回来看一看吗？

阿克曼：回来看一下。应该说回到中国的感觉是，中国的巨大变化在我的意料之内。我1994年离开中国时就已经觉得今后的发展会往这个方向走：市场化，消费社会。早在90年代就已经能看出，中国会变成一个强大的消费社会，大家都想发财。我所看到的各种社会变化之迅速让人惊讶，可是整体的发展方向是可以想象的。

采访人：这一次回来是在2006年吗？

阿克曼：对，2006年3月我回来了一次。我跟他们说，让我在中国旅游一个月，然后再告诉你们我去不去。他们也同意了。我的感觉是，在这种完全不同的状况下做文化交流可能会很有意思。我2006年看到的中国和1994年离开时的中国完全不同。我很快就认识到，我不能继续做过去的歌德学院，因为整个大环境已经彻底变了。我觉得在这种新的状况下可以试一试，怎么做这件事情，可能会很有意思。当然,我对中国还是有特殊感情的,这种感情也起到了关键性的作用。

采访人:还是会觉得有点亲切感在里面。

阿克曼:一个是亲切感,一个是还是觉得有缘分,归根到底都是缘分的问题。然后我就决定,好吧,我去做。

采访人:这一次除了北京分院之外还要管理整个大区的其他分院,包括台湾和香港?

阿克曼:对。根据目前的政策,我们在大陆只能开一个文化中心,不能在北京歌德学院之外再开一所歌德学院。如果我们希望在其他城市建立歌德学院的分支机构,就必须用迂回的办法。比如,我们在上海也有歌德学院,可是不叫歌德学院,叫作领事馆文化处。或者我们和当地大学一起合办一个歌德语言中心,还可以成立歌德学院的代理处。

采访人:和1994年相比,歌德学院2006年之后的工作重点和发展方向发生了哪些方面的变化?

阿克曼:应该说,最根本的改变在于文化交流的方式不同了。1994年我离开歌德学院北京分部之前,中国人对西方文化还处于一种不懂也不理解的状态。那时候中国人也不容易有机会接触到西方文化,尽管已经有一批人出国了,留过学了。可是,他们要么还没有回来,而且那时候也还没有回国的打算;要么很快就回来了,回国之后也没有产生太大的影响。1994年,互联网才刚刚开始,还起不到现在的作用。当时有条件上网的人还只是极少数,大多数人都没有使用互联网的条件。当我在2006年再次回到中国时,整个大环境都变了。中国人也常常到国外去,要么旅游,要么进行各方面的交流活动。过去,歌德学院的主要作用是"开窗户",为中国人打开一扇了解西方文化的窗户,让大家有机会去看,去体会。2006年回来之后,我很快就明白了,现在不再需要歌德学院来发挥这种"开窗户"的作用了。现在,歌德学院更需要做的是"搭台子",搭建一个可以让两种文化合作的舞台,让两种文化能够进行直接的接触、创造和实验,这是歌德学院在2006年的社会文化语境里应该起到的作用。这个当然比开一扇窗户更复杂、更难。后来，歌德学院很快就被委托举办德中同行的活动。这个活动的规模非常巨大。我们也在思考，希望德中同行能跟过去的同类宣传活动不一样。

采访人：德中同行从哪一年开始？

阿克曼：从2007年开始，第一个城市是在南京。在选择活动的举办地时，我们决定不要在北京，也不要在上海，一定要去一些二线城市。这是我们策划这项活动时坚持的一个战略性想法。我们希望用这样的方式在二线城市建立一个代理处，或是有一个我们可以继续在这个地方工作的小机构。

采访人：每个活动举办地都留下了可以继续工作的机构设置吗？

阿克曼：留下来了，有三个城市在活动结束后留下了我们常驻的办事点。不过现在有一个已经关闭了，也许是因为经费上的短缺，具体原因不太清楚，我现在已经退休,也不管了。我的原则是,退休之后就不要插手继任者的工作。作为老院长不断地指导在任负责人应该怎样做,我觉得这样的老院长特别烦人,所以我也不会去做这种事情。现在歌德学院的院长是我的一个老手下,我和他的私人关系很好,可是我绝对不会去插手他的工作。他上任快一年了,但我现在基本上不会和他谈工作。

采访人:这很难得。

阿克曼:不,这很正常。

采访人:德中同行是歌德学院的一个长期项目吗?

阿克曼:不,怎么说呢,类似的活动,几乎所有国家都举办,实际上更多的是一个宣传活动,类似于各个国家的文化年。最早也打算在中国做一个德国文化年活动,可我不感兴趣。第一,我觉得文化年这种模式已经过时了,也没有这个必要。第二,这种宣传活动也没有多大意义。折腾了好长时间,为这件事和外交部闹得一塌糊涂。最后,我们做了一个方案,希望做一个综合性的活动,谈环境,谈文化,谈各种话题。我很快就发现,光靠国家和政府的钱做不成任何事情,一定需要企业赞助支持。可这是一件很微妙的事情,因为一旦有大企业参与这样的活动,它就想对这个活动加以利用,达到自己的目的。也许是我们的想法太过理想。我们就想,第一,做一个探讨各方面合作可能性的项目;第二,活动地点不是北京,也不是上海。我那时候说也不要在广州办活动,可他们一定要在广州办。我们当时在这些二线城市还没有关系网,没有可以交流的对象。这个区别还是挺大的,北京、上海跟其他二线城市之间的区别,那时候特别大。可我觉得,我们现在要明白,中国除了北京和上海之外还有其他地方。我们希望用这个方式,建立一个长期关系网,能够在以后的时间里提供持续交流的可能性。这是开拓,不是一个一次性的宣传活动。可是德国文化部反对。

采访人:为什么?

阿克曼:觉得我们这种方式太离谱,太贵。

采访人：太离谱是什么概念？

阿克曼：不是他们习惯中的传统文化年。他们的想法是，大使讲话，总统讲话，然后是表演节目，然后就结束了，每个人都满意。可是，我们的每一个项目都需要中国合作伙伴，他们就觉得我们策划的这个东西太复杂。

采访人：这个被认为"太复杂"的项目都具体有哪些活动呢？它是不是已经不只是一个文化项目，而且还牵涉经济或其他方面？

阿克曼：是的，后来这个项目就慢慢扩大了。比如，我们的一个方案是将地点作为活动的核心，特别强调活动应该在广场举办。因为我们觉得，中国缺少公共广场，市民也没有公共广场的概念。中国只有shopping mall，或者是一些象征性的广场，比如天安门广场。可是，这样的空间不可能被用作市民聚集和活动的场所，无法实现广场的社会功能。所以，我们希望借这次活动构建一个乌托邦，制造出一个市民可以利用的公共场地。也是基于这样的考虑，我们决定将主要的活动地点放在广场，都是露天的活动。

采访人：都有哪些形式的活动呢？

阿克曼：有各种各样的活动，比方说，在每一个做活动的城市，我们请了作家、建筑家、文化界人士就某个问题和路过的老百姓谈话，常常能碰撞出很有意思的话题。我们考虑用一种特别的方式来做临时建筑，满足拆装移动的需要，当作活动空间。最后，决定用竹子来做。

采访人：用竹子做建筑材料，搭建举办活动所需的临时建筑物？

阿克曼：对。我们委托了德国艺术家 Markus Heinsdorf，他用竹子做建筑材料，在这方面很有经验。说起来，这个设想的实施还经历了颇多波折。我们请这位德国艺术家做出方案之后，赞助的企业老板非常生气，对这个方案非常不满意。他们认为，竹子建筑完全不符合德国的高科技形象。可我觉得，这种特殊的建筑方式恰恰是高科技的体现。而外交部相关人员对我们的整体方案也不赞同，扔在抽屉里，不上报。我通过个人关系找到了机会，直接见了外交部的副部长，向他解释方案。副部长觉得很好，批了方案，也批了我们的预算。我当时提出，大概需要一百万欧元。这样一来，下面的人没办法，然后，我们终于可以启动项目了。类似的曲折故事有无数。

项目具体实施过程中，我发现，用国家的钱真是一件太不容易的事情了。之前，我当然也估计到了，可对这个问题的复杂程度还是缺乏充分的认识。用国家的钱有各种各样的规矩。比方说，超过五万欧元的项目，应该做一个招标，要么在德国招标，要么在中国招标，或者在全欧洲的范围内进行招标。可是，因为他们拖了那么长时间，拖到 2007 年 3 月才批准项目，2007 年 8 月就要开展，按照正常的招标流程怎么做呀。

采访人：2007 年 3 月您才见到部长，争取到部长的批准，很快又有招标的难题出现了。

阿克曼：对，按照规矩应该招标，可是如果招标，时间上又来不及。所以，我就说，你们有两种选择：要么我直接找人做，要么遵循规矩，我啥也做不了。我要求他们给我一个书面的东西，允许我在规则之外解决问题。他们当然不给，什么都不说，也不表态。

采访人：睁只眼闭只眼，默许？

阿克曼：对，然后就做呗。后来，我和我们的秘书长闹矛盾。这是一个在中规中矩的情况下绝对无法做成的活动。他们心里都明白，没有人从中贪污钱，可是不符合程序制度。

采访人：程序不正确。

阿克曼：对。可是，比方说，我们要用竹子建亭子，这件事就没法招标。你想3月开始，那应该给人家起码三个月的时间画图。这样，6月的时候还没开始动手做，怎么可能赶上8月的展览？不可能的事情，绝对不可能的事情。这件事里的不确定因素太多，如果按部就班地按规矩办事，这个项目就没办法做成。我再举一个例子：这个活动的第一站是南京，南京的活动开始挺顺利，两国总理都出席了开幕式，可是，之后就出了大事。默克尔接见了达赖喇嘛，中方的态度立即就转变了。他们也没说要终止活动，但就是不支持了。

我们原来打算第二站在成都，成都方面突然表示不要了。至于整个活动究竟做不做，谁都不知道。所以我们只好将所有的活动都停下来。中方也没有人做出官方的明确表态，就表示不高兴。成都不敢做了，外交部也不支持了。按道理来讲，中德两国领导人是这个项目的监护人，中方也不能明确说不干了。可是对默克尔的做法也不能不表态，所以只能用中国的方式，不说什么，让你明白。后来，好不容易在重庆找到了继续活动的可能性。确定可以在重庆继续活动大概是在 1 月或者 2 月，计划开幕的时间是在 4 月，你想想，能招标吗？

采访人：又招不成了。后来又在哪些城市举办了活动？

阿克曼：第三站广州，第四站沈阳，第五站武汉，最后一站，他们一定要上世博会。

采访人：最后一站被引入了上海世博会？

阿克曼：对，我们建了世博会里唯一违背规矩的亭子，因为我们根本就没有资格参加世博会。世博会的规矩说得很清楚，只有国家和国际组织可以参加。可我们既不是国家，又不是国际组织，所以按照常理，我们根本没有机会进入世博会。可是德国政府一直都在做工作，希望能在世博会上展示我们这个活动。我也不知道他们怎么做到的，反正后来世博会勉强同意，但因为我们不符合规矩，所以只给了我们一个月的展示时间。知道这个消息时，德方还在考虑，花这么大气力折腾进去只展一个月，这样做到底值不值得。我当时就说，我打个赌，一个月后他们不会让我们撤，因为他们也不会愿意在展览期间出现一个撤展的大工地，场面肯定会变得很混乱。后来事实证明，果然如此。一个月后，世博会请我们留下来继续做活动。

我们是世博会唯一的纯竹结构展厅，设计非常引人注目。在展厅里，我们做了很多有意思的活动，涉及文化、环境保护、气候变化等方面，还有一些互动性的展览，德国总统也参与了我们的活动。

采访人：非常有预见性！看来这是一个在各种规矩的夹缝中诞生并圆满完成的活动。这个活动几乎覆盖了您在中国的第二个任期吗？

阿克曼：差不多，我2011年从歌德学院卸任，这个活动到2010年才结束。德中同行活动大概占用了我百分之七八十的工作时间。后来我觉得有点遗憾，好多想法都来不及实现。每一次跟当地政府谈判也都非常艰辛。外国人不能理解，在他们的想象中，在中国都是一个人说了算，领导同意了就没问题。其实，没那么简单。比方说在南京，我们选好了南京图书馆前面的一个广场作为活动地点，南京市政府也同意了。于是，我们开始做前期的搭建准备工作，情况很顺利，我们对搭建效果也很满意，地点也很理想。可是，两周之后，我们突然被告知，这个广场不能用了。除了对不起，没有告诉我们任何理由。我们只能放弃已经开始的工作，重新选址。找来找去，凑合找了另外一个地方，又开始做，活动开幕前两周，又有人告诉我们，还是要回到原来的地方。于是，我们又回到原来的地方，重新开始亭子的搭建。可是突然工人就不来了，我们也没有得罪他们，也没有什么满足不了的要求，完全搞不懂到底是怎么回事。最后才知道，原来是建设方没有付给他们工钱。很多突发的意外，超出你的预计。如果没有这个项目，我想，我们会将重点放在文化交流上，多做些原来应该做的工作，扩大歌德学院在中国的网络，或者其他一些类似的工作。

第四章
墨卡托基金会

采访人：从歌德学院卸任之后，您就进入了墨卡托基金会吗？

阿克曼：对，当时墨卡托基金会来找我。墨卡托是一个私人的家族基金会。这个家族在中国也有一些投资，比如麦德龙超市。这个家族集团的创立人很有意思，他的姓在德国很普遍——施密特。施密特先生特别低调，很少出面，不接受媒体采访，不是那种自以为是的成功人士。他的爱好很特别：研究为什么人们会忽略一些对人类的命运有重大影响的问题。这是一个极少有学者从事的学科,名字很复杂,我忘了怎么说。听说全球只有七个人研究这一领域。

采访人: 这是什么意思?您能具体解释一下吗?

阿克曼: 有一些对我们的生活具有重大影响力的问题,比如水资源缺乏、沙漠化。理论上,我们都知道这些问题对人类的未来很重要,可这并不意味着我在日常生活中会有任何相应的实际行动。他们研究的就是这种情况下人们的反应。这是一种非常有意思的矛盾:为什么意识对我的行动没有影响?虽然头脑中很清楚气候变化得不到控制的话后果会很严重,可是我还是开车、坐飞机,该干什么就干什么。头脑中已经非常明白某个问题对自身存在有重大影响,但这种认知却不会对现实生活中的行动带来任何改变。他们要研究的就是这一现象产生的原因。这个研究很有意思,把心理学、脑科学、社会科学、医学都结合在一起。他就对这个问题感兴趣,不仅为推动这方面的研究花了不少钱,也会亲自关注研究的进展状况。

第四章 墨卡托基金会

这个家族基金会目前是德国最大的私人基金会。施密特先生对中国感兴趣，我和他见过几次面，他有点像一个孩子那样好奇，常常是出于纯粹地想了解某个问题。后来他决定，我们要在中国做点事情。他觉得青年间的交流非常重要。能有这样的认识，显示出他的眼界很不一般。因为通常来说，这些人不会重视这样一件事。当然，气候变化也是他关注的重点之一。除此之外，基金会特别感兴趣的问题还有文化教育和针对移民的教育。从地域上看，中国和土耳其是他们关注的重点。他们当时在中国刚开始做有关气候问题的活动，可是总觉得效果不太理想。说实话，中国现在完全有能力完成类似的项目，完全可以自己请专家，没有必要折腾一个国外的基金会。它起不了很大的作用，除非做得非常具体，比如说盖茨基金会，它在中国就专注于艾滋病的项目。当他们觉得中国有能力自己对待艾滋病时，就不再继续这方面的支持了。可以随时撤出，根据实际需求调整方向，这也是私人基金会的一个好处。墨卡托基金会在气候问题上就遇到了类似的情况。他们觉得，现在到处都在谈论气候变化的问题，只要中国自己愿意就可以在这方面有所作为。加上中国政府有自己政治上的一些原则，经济上和知识技术上也足可胜任，所以墨卡托基金会觉得，在现在这个大环境下，已经没有必要再继续中国的气候问题项目，是时候从这方面撤出来了。墨卡托基金会将青年交流作为重点，他们依然觉得这是个很有意思的题目。我觉得，青年交流的主要目标不应该只是追求让更多的中国学生到欧洲去，欧洲的学生到中国来。在实际操作中，我们发现，青年学生的交流效果常常不理想。好多德国孩子到中国待了一段时间，回德国之后再也不来了，觉得没意思。中国孩子也一样，他们觉得德国孩子就会玩不会学习，等等。还有一个很有意思的现象，因为参加这项交流的孩子大部分来自比较富裕的家庭，他们到了德国就觉得，没有最新的 iPad，没有奔驰车，这是什么生活？这确实成了一个问题。所以，我们必须要思考，怎样才能扭转这样的局面。我们认为，文化交流不是一件随便做做就能解决的事情。简单的刺激不是文化交流的目的，我们希望培养的是青少年跨文化的行动能力，也就是可以在一个陌生的文化里有所行动、有所作为的能力，这才是交流的目标。

采访人：墨卡托基金会在这方面做了哪些具体项目呢？

阿克曼：我们希望青少年获得的这种能力叫 interkulturelle Handlungsfähigkeit（跨文化行动力），很长的一个词。这个很有意思，你知道 PISA 吗？PISA 从今年开始增加了对 global capacity（全球能力）的考察。这和我们说的"跨文化行动力"非常相似，就是要考察青少年在另外一个文化里处理问题和开展活动的能力，考察对陌生文化的理解和觉悟。今年 PISA 第一次加入了对这个技能的考核，这对我们来讲也很有意思。我们都想要提高青少年这方面的能力，为了达到这一目的，我们应该支持和赞助什么样的青年交流呢？经过讨论，我们确定了一种交流形式。它不同于传统中你来我往、随便看看的模式，而是要求双方的青少年共同完成一项任务，在共同讨论协作、解决问题的过程中实现不同文化间的交流。比方说，我们刚刚策划了一个有 20 个中国孩子和 20 个德国孩子参与的项目。参与者需要在北京待三周，一对一地分组，一个中国人一个德国人结成一个工作小组，共同完成一个有关北京短片的拍摄。

采访人：两个人一组拍一个片子？

阿克曼：对，他们需要共同找剧本，共同讨论拍摄计划，共同完成拍摄。我们的初衷是，为这些青少年提供一个特殊的环境，为他们设立一个共同的目标。这样，他们就不得不与来自另一种文化的人沟通合作，共同解决问题，否则将无法完成任务。整个过程很有意思，这个项目非常成功。

采访人：已经做完了，是吗？

阿克曼：已经做完了，明年在德国做。

采访人：同样的人吗？

阿克曼：同样的人，先在中国做，再到德国做。

采访人：和现在主流的青年交流形式相比，这个活动的形式还真是挺特别的。

阿克曼：现在有好多从事青年交流的组织，有的是商业性的，有的是公益性的。过去常常是一所德国学校和一所中国学校合作进行，他们共同提供一个交流的机会，然后就是中国的学生在德国待两个礼拜，德国的学生在中国待两个礼拜。这种做法的效果通常都不太明显。即使是将交流的时间延长到两个月，甚至是一年，效果也不太理想。有一个很有意思，也值得我们思考的现象是，我们发现，在这样的交流之后，偏见常常不是减少了，而是被强化了。完全不同于我们惯常的设想——交流能够解决所有的问题。现实常常正相反。当然，也有很多正面的结果，但是我们刚才提到的这种反面效应也不容小觑。中国和德国之间的文化差别还是挺大的。这和德国孩子去法国或者法国孩子来德国不一样。德国和法国之间也有文化差异，可是没有这么大。除了青年项目，我们也促成其他方面的合作交流。比如，因为我们的合作伙伴是民政部，所以我们现在也邀请中国基金会的秘书长到欧洲认识德国的同事，或者是组织民政部的官员去欧洲考察，研究诸如民政法的问题等。

采访人：您主要负责大方向上的策划战略吗？还是也参与到项目的具体执行过程中？

阿克曼：我只负责大的战略，具体组织工作不做了。我们还有两个同事，也会委托其他人负责具体的实施环节。我觉得我没有必要再去介入具体的实施过程，也没有心思做了，类似的文化交流项目我已经做得够多了。不过，在这个合作拍摄的项目里，我还是参与了很多细节问题。

采访人：这个中国小朋友跟德国小朋友一块拍片的想法是您提出来的吗？

阿克曼：对。

采访人：这是个有趣的提议。

阿克曼：是，但是这样做文化交流，费用有点昂贵。为了这个项目，还专门配备了一位专业导演。我们请的是吴文光导演，我们提出了想法，吴文光具体策划和领导了整个项目，他很愿意跟孩子们玩，他的助手也会跟孩子们一起工作。这种交流会把很多问题呈现出来。孔子学院也做这种青年教育和交流项目,也与墨卡托有合作。孔子学院邀请国外的孩子来中国学习汉语,我经历过一次他们的项目,让我非常惊讶。他们安排参与项目的女孩、男孩住在高级宾馆,每天用汽车送他们到学校,去学汉语,下课后就回宾馆。这些孩子什么人也接触不到,我告诉他们,这样做青年交流项目不会有效果,继续做只能是又花钱又没用。我建议他们跟墨卡托基金会一起来做,他们也很愿意。事实上,他们自己也觉得原来的交流形式有问题。和基金会合作后,他们觉得新项目特别成功,希望能够扩大规模。不过,在中国寻找合作伙伴还是不容易的,因为中国人或者中国基金会以及其他中国机构不懂我们推行的这些项目有什么意义。他们还是会习惯性地认为,钱应该给贫困地区的孩子才有意义。

采访人:参与拍摄项目的孩子有影视制作方面的基础或经验吗?

阿克曼:完全没有。他们要从零开始,学习怎样拍一部片子。

采访人：这对参与者而言也是一个有意思的挑战。

阿克曼：对，是很有意思。而且，这样我们的项目也可以有一个可供展示的成果。他们基本上都选择了拍摄纪录片。我没有全部都看，但也发现了一些很有意思的作品。比如说，有一个短片拍的就是马路上的小吃铺子，采访这些摊主，询问他们工作的方式，生计的来源，有什么困难，片子拍得很好玩。

采访人：创造一个契机让不同文化的青年联手完成一项共同的任务，这个想法有趣又有效。由此是不是可以生发出很多类似的项目？除了一起拍片，是不是还可以一起盖房，或者一起解决其他的问题？

阿克曼：是，我们也在考虑还有没有别的方式。我们还策划过一个共同舞蹈的项目。参与者没有舞蹈学院的背景，不是专业人士。他们在一名专业人士的带领下一起创作一个小小的新的舞蹈。

采访人：我觉得这个项目最有意思的地方就是这种分组的方法。一加一的结合方式，迫使你在项目进行的过程中不得不站出来面对文化的差异，因为没有其他人可以依靠。如果是一个中国团队和一个德国团队的合作，那么其中一定会有比较积极主动的成员，也会有一些相对比较被动的成员。

阿克曼：如果不是一加一的形式，你会发现，团队马上就会变成两组，一个德国人组，一个中国人组。即使是吃饭，他们也会分开来坐。很多人都倾向于和更为熟悉的人待在一起。这个壁垒很不容易突破，这种本能也很不容易改变。所以，我们觉得，最理想的组合形式可能就是这种一加一的模式。

采访人：对，一对一的情况下你不可能往后躲，这个想法真的很好，能够真正为年轻人提供面对陌生文化的机会。

阿克曼：是，虽然我们目前还有一些其他的活动在推进中，可是我们在中国的工作重点还是青年交流。

采访人：您搞了这么久的文化交流，有什么心得或者有什么您觉得特别艰难的地方吗？

阿克曼：文化交流本身是一件非常难的事情，特别容易形式化。你可以举办论坛，可以组织会议，每个人谈自己感兴趣的话题。看上去你好像做了一个交流，但实际上并不是。我估计大部分所谓的文化交流完全是象征性的东西，能够让领导满意的也就是这种交流。真正的文化交流、文化接触是一件非常不容易的事情。孔子学院的外方院长和中方院长之间问题不断，在他们之间确实发生了这种文化上的交流。真正的交流开始之时，摩擦、接触和困难也就开始了。可大部分所谓的文化交流避免这些问题。大部分的情况是你玩你的，我玩我的，大家玩在一块了，然后就完了。

有一个很常见的现象——不管是在中国还是在德国都有这个问题，可能在中国表现得更突出一些——组织国际论坛的时候很少重视翻译。我参加了无数的这种论坛，你在现场完全可以确定这些讨论是一些无用功，因为没有人听懂发言的这位先生说的是什么。这听起来有点不可思议，可这就是一个最简单的道理:翻译不行这个活动就没有意义,因为人家根本听不懂。专业翻译很贵,好多组织会觉得没必要在翻译上花这笔钱。常常出现这样的情况,负责人说:"我们有小李啊,他女儿就是学德文的,让他女儿过来一趟就行了。"同样的问题在德国也存在,稍好一点,但是总的来说也好不到哪里去。这是一个最简单的问题,但也是一个最艰难的问题。花那么多钱做这种所谓的国际论坛,人家都住五星宾馆,吃得好,去旅游,可翻译不行,结果效果为零。不同文化之间的交流是一个极其困难的事情,要从这些最简单的东西入手。组织象征性的活动不是太难,你可以做很多所谓的文化交流,避免所有实际上存在的问题。我觉得,文化交流不要大规模地进行,没用。你做一个一千人的大活动,交流效果肯定非常差。基本上任何一个活动最重要的交流都不是在讲厅里发生的,走廊和咖啡馆是更好的地方。这些专家用自己的语言都能交流得非常好,可是在中国专家和外国专家之间交流就困难些了,这完全依赖于翻译的工作。不知道你参与过这样的活动没有?

采访人：也碰到过类似的情况，比如在会议上，每个发言人都在说自己研究的领域，有时候参与者之间产生真正有效的对话会难一些。

阿克曼：对，每个发言人都说自己的，再加上常常存在语言上的障碍，活动的日程又都安排得比较满，发言后一般没有太多时间进行深入探讨，因为下一个报告马上就要进行。你看，就是连这种比较简单的交流方式也不容易奏效。论坛是一个相对简单和直接的交流形式，不需要协作完成一件事情，只是交流，只是说出我的看法和你的看法。可就是这样，也会有许多的障碍和需要克服的问题，也很难达到预期效果，就更别提其他的交流形式了。事实上，很多的交流活动基本上只有象征性的作用，没有真正的意义。我前不久刚和中国的某个基金会一起举办了一个文化教育的论坛，翻译非常好，可是交流开始后，双方就发现他们对于"文化教育"概念的理解完全不一样。词是一个词，概念是一个概念，可是理解上完全不同。

采访人：具体表现在哪些方面呢？

阿克曼：中国人觉得文化教育是我告诉你中华文化是什么，我告诉你一套东西。他们感兴趣的是怎么教育。这些西方专家觉得，文化教育意味着我要用文化推动学生的创造能力。现在在中国，传统文化成了一个特别时髦的话题。在过去很长一段时间内，中国的传统文化都处于一种被压抑、被贬斥和被否定的状态。可是突然大家发现，传统文化原来是这么好的一个宝贝。于是，又一窝蜂地开始鼓吹传统文化。可到底什么是传统，什么是传统文化，似乎也说不太清楚。要知道，中国所谓的传统太复杂了，什么都有。所以，现在这样笼统地推崇传统文化其实也是一个问题。当然，现在能够认识到传统文化的价值，是一个好事情。跟过去相比是进步，过去传统都被戴上腐朽、过时、封建之类的帽子。现在因为突然要告诉孩子中国传统文化的伟大，所以就开始重新评价儒家思想，又将儒家思想推到了特别高的位置。可是，我们同时又要提倡创新。这样，问题就来了。儒家思想强调秩序，不太崇尚变革创新，那么，如果我们既推崇儒家思想，又提倡创新能力，这中间就会有矛盾。我们组织的一次会议中，有位发言者，她试图建立一个文化教育系统，什么都有。传统要，儒家要，创新要，现代化也要，什么都要。不过，这个怎么实施呢？西方专家的思维方式完全不同。他们声称自己并不区分什么传统文化、当代文化和现代文化，他们希望做到的是用文化来推动孩子的思维能力和创造能力。很多中国人觉得文化教育是培养一种技能，比如让孩子画传统的中国画，画那种他们理解中的传统绘画，花鸟或是山水，画得越像越好。他们觉得技能就是成果，而西方人会从另外一个角度看待这个问题。他们会觉得"孩子怎么发现这个东西有意思"很重要。你会发现，两种教育理念有着根本上的差异，很难谈到一起。中国的专家期望的是，你告诉我怎么做，我想学这一套或是那一套。可西方人没办法告诉你，他们就很失望。

采访人：中方的教育专家想让西方专家告诉他们推动教育的具体方法？

阿克曼：对，他们觉得西方专家应该有自己的一套。他们现在需要做的就是，看看在西方人的这套理论里有哪些东西可以为自己所用。这是一种特别实用的思维方式。我并不想否定它，我不能说这是不对的。可是西方人不这么想，他们就想讨论怎么推动孩子的创造能力，他们感兴趣的就是这个。具体操作上，你怎么做，怎么发挥孩子的能力，这是没有固定模式的。所以，这两种思维方式在根本上就是对立的，很难有一种共通的东西。其实，这种对立还源于一个很重要的差异，这就是双方参会者身份背景上的差异。参会的德国人大部分是学者，他们对理论研究感兴趣，中方的参会者则是老老实实在学校里做事情的人。

采访人：一线的教育工作者？

阿克曼：对，教育工作者，他们中的很多人都不会考虑这个问题。我们也不知道怎么会这样，我们发现这个基金会给我们的名单和实际上来的人完全不同。

采访人：是该基金会发起的活动？

阿克曼：中方人员由这个基金会安排，德国专家是我们选的。当时选择专家的时候我们都说清楚了，可是他们给我们的名单和实际来的人不一样，我们觉得很奇怪。实际上参会的几乎没有一个大学的学者，都是些中学老师或小学老师。为什么？后来就发现了，他们前一个礼拜才开始请人，这些学者都没时间。我只能猜，可是我觉得基本上猜对了。他们不怎么重视这个活动的内容，他们只想搞一个活动，把基金会一年的预算用完，要不然就有一系列的麻烦。他们主要考虑的不是活动的内容和结果，而是上级要满意。可是，那些可怜的德国学者怎么知道这些。德方觉得中方说的完全不是他们想的东西，大概中方参会者也会有同样的困扰，会觉得德方说的那些理论研究或者是一些结构性的东西跟他们在学校里教孩子怎么画兔子没什么关系。双方完全谈不到一起。你看，文化交流就是这样不容易。

采访人：确实。有没有您觉得很成功的？

阿克曼：有，当然有好多很成功的例子，但是我还是想说说那些常见的问题。我觉得，无论是中国还是德国，或者是其他国家，它们对所谓的文化交流活动花的钱并不少,可是总体看来效果并不是太理想,这其中很重要的一个原因就是这些提供经济资助的决定者想得太简单了。他们会习惯性地认为,举办一个会议不是好事情吗?中国专家、德国专家坐在一块讨论问题不是很好吗?中国孩子到德国去,德国孩子到中国来,不是也很好吗?

采访人:这种现象是不是并不只出现在中国,德国是不是也有类似情况?

阿克曼:当然,在德国也常常有这种完全失败的活动,太多了。这种情况特别多见于中国和西方的交流中。双方的文化差别本来就特别大,再加上一个很简单的问题——翻译水平有限。和美国人开会当然说英语,跟西班牙人开会也可以说英语,但中国现在真正能用英语交流的学者还是少数,所以你得请优秀的、一流的翻译。可是,高水平的翻译很少,也很贵。

采访人:还得对相关专业有一定了解。

阿克曼：对，还得对这个专业有一定的了解。一个好的专业翻译会提前做功课，他会阅读相关文献，学习专业词汇。可是在中国谁有这个时间？德语翻译的情况比英语更糟糕。墨卡托基金会曾经在北京举办过一个沙龙，请一名中国专家和一名德国专家就一个题目展开对话，比如以"故乡"或"教育的未来"为题。

因为专家是德国人，我们当然需要一名德语翻译。可是，弄来弄去最后还是用了英语。没办法，有一名翻译我们觉得可以，可是他不一定有时间。德文同声翻译几乎没有，符合我们要求的几乎没有。所以，文化交流确实是一个专业，更是多专业的合作，不是一件随便弄弄就行的事情。就说从事文化交流时会遭遇到的两种文化间的冲突吧，尤其是在活动筹备期间，这种冲突表现得特别明显。对我而言，这是一个全新的、重新学习这个专业的机会。

采访人：怎么说呢？

阿克曼：在承诺和办成事情之间还有漫长的路。比如说，在和中国官方谈项目的时候，他们会觉得很好。"很好"只是一种象征性的说法，说明这个事情可做。但之后，大家会发现，需要落实的事情是具体的、复杂的、琐碎的。这时候，他们往往就会失去兴趣。我发现，常常会有这样的情况：德国代表和中国代表开会筹办某个活动，讨论后，德国专家会认为好了，什么都谈妥了，没有问题了。于是，他们就欣然离开。可是，这些德国人并没有真正明白对方的意思是什么。他们只听到了中方代表说"可以，我们好好考虑"，他们就以为一切妥当了。他们不明白，在这个"可以"的后面还有什么样的工作要做。这种状况，对一个不了解中国的德国人来说很难理解。有时候，你一解释，德方就会认为，原来这么不靠谱啊，那么算了吧，不干了。

他们不明白，得到承诺只是协调过程的开始，并不等于有真正的结果，但是可以沿着这个方向继续下去。德方有没有这种经验，中方也会觉得德国人太烦了，他们怎么就不明白，我们还没有琢磨好这个事呢。明白吗？

采访人：这个问题在俄罗斯会不会也存在？

阿克曼：当然也有，当我们进入另一种文化时多多少少都会碰到这样的问题。可是，在中国因为语言上的障碍，这个问题会比较麻烦。在不断洽谈的过程中，我们都需要翻译，一直需要翻译。

在俄罗斯，这个问题当然也存在。可是，在德国，会俄语的人比会中文的人要多得多。特别是在东德，有很多人都会俄语。所以，通过这些人，我们可以和俄罗斯人进行直接的讨论。这在中国几乎是不可能的，一切环节都要通过翻译。翻译可以把他人说的话翻译过来，可是不一定能把说话人的意思翻译过来。这是语言沟通方面的问题，此外还有双方体制上的差别。在中国做决定的过程跟在德国完全不同，遵循的逻辑不同，要考虑的上下文不同，表达的方式不同，还有，可能对这个项目的理解也完全不同。

采访人：在中国待了这么多年，会觉得这方面的差异有所弱化吗？

阿克曼：这要看你跟谁谈。跟过去不一样的是，在现在的中国，出现了一个很大的比较商业性的、非官方的文化领域。虽然在这样的文化生意上还是会有很多的误会，会有好多的问题，可是，打个比方，如果对方的目的是挣钱，我的目的也是挣钱，那么这样的共同前提对双方合作是有帮助的。双方就是谈生意。实际操作过程中，虽然也常常存在跨文化的问题，可是总的来讲，你明白，对方想挣钱，我也想挣钱。双方目标明确，碰到影响挣钱的情况，那就不干了，这是一个底线。商业性的文化合作跟政治谈判很像。你完全知道我要达到什么目标，或者我有一些什么原则不能动。这些类似底线的东西在纯粹的文化交流中都不存在了，文化交流没有底线。其间的可能性和禁忌都相对模糊，相对来说，变通的可能性比较大。另外，和之前相比，中德双方的相互了解也更多了。现在，有一些在国外待过很长时间的中国人。同样，有一些外国人也在中国待了很长时间。这种对对方国家的较为深入的了解当然是一种有利条件。这样，他们对对方起码有一种基本的理解。我们曾经组织过一次中国民政干部赴德的交流活动——中国民政部的干部代表团到德国，去研究德国对非政府组织的管理程序和相关法律。

主要的关注点是管理方式，财务方面的管理方式。实际上,这个问题很简单,是一个非常技术性的主题。可是,我们很快发现,这里面有好多文化背景方面的问题中国人无法理解,或者是无法正确理解。好在当时有一个法律专业背景的中国人,他专门研究这方面的问题,并且在德国待了很长时间。这个人太重要了。我们开会讨论之后,他会从中方可以理解的角度,重新做出解释。在整个交流过程中,我们常常会收到诸如"原来如此啊"这样的反馈。

采访人:具体会有什么差异呢?在这件事情上,中国和德国的理解就这么不一样吗?

阿克曼:不一样,比如说对市民社会的理解完全不同,对于什么是非政府组织的理解也不一样。这些是一切法律法规的背景。你不懂这个背景,就无法理解,为什么有这个法律或者为什么没有这个法律。比方说,在德国,不管以什么形式做公益,都可以获得纳税方面的优待。这一点,中国人很难理解。中国人的思维更倾向于组织形式上的划分,比如说,首先会看你是不是基金会,如果是基金会,那么就应该如何如何。如果告诉他,我们不是基金会，是一个公益公司，他们就很难理解了。他们还是会追问，公益公司到底是什么，到底属不属于基金会范畴，还是希望用一些既有的具体划分方式来界定。

采访人：基金会和公益公司是不一样的吗？

阿克曼：法律上是两种不同的形式。可是，它们在德国都算公益，只要你在做公益，至于具体采用哪种形式，都无所谓。你可以用无数种形式做公益，可以做一个协会，可以做一个基金会，可以做一个有限公司，任何形式都可以。可是，这样中国人就糊涂了。

采访人：中国做公益只能用基金会的形式吗？

阿克曼：不是。但是中国会按照不同的形式区分管理，基金会有基金会的规矩，其他公益形式有其他形式的管理。他们很难理解，在德国为什么所有这些不同的具体形式都适用于一个规矩。后来，那个有法律背景又在德国待过很长时间的中国人就向他们解释，公益对于德国人的意义，又告诉他们，对德国监管机构而言，用怎样的形式做公益无所谓，唯一要监督的就是你确实是在做公益。其实也有一些非公益性质的基金会，比方说一个家族把他们的财产放到一个基金会里，定好只能怎么用，可是这个基金会不是非营利性的，那么即使它有着基金会的称谓，也需要交税。当然，具体的情况很复杂。但总体而言，是否交税的区分标准在于，是营利性组织还是非营利性组织。只有非营利性组织才能免除纳税，至于叫什么名字，这并不重要。可是，我们在接触过程中发现，中方似乎特别强调形式，希望看到针对具体形式的法律法规。但德国没有一个专门针对基金会的法规，因为我们认为机构的形式划分并不重要。比方说，墨卡托这个基金会叫基金会，可是它在法律上不是一个基金会，它是有限公司，非营利性的有限公司。这种组织形式与社会状况有关。按照规定，如果一个企业家以有限公司的形式建立一个名为基金会的组织，那么，假如有一天他不想干了，他就可以取消这个基金会，可一个真正的基金会你取消不掉，只要成立了，就是永久性质的。

采访人：有这个区别？

阿克曼：对。

采访人：真正的基金会就是你这笔钱投进去了就不能再往外撤了？

阿克曼：对，不能撤回，所以，在德国有五百年历史的基金会。就是有一笔钱在那里，然后有人管理这笔钱，有人花这笔钱。而以有限公司的形式，我可以获得更大的自由度和更多的自主选择权。除此之外，双方对于市民社会的理解也完全不同。对中国人来讲基金会意味着做好事，捐钱给穷人，捐钱给贫穷的孩子，让贫穷的孩子上学。他们不明白大部分的德国基金会不搞慈善，他们搞技术发展，搞环境保护，搞文化交流。在中国不一样，基金会就应该给贫穷的孩子盖学校，或者进行其他类似的慈善活动，用来补充社会服务的漏洞。这是完全不同的理解。

采访人：可是中国也有这种基金会。

阿克曼：很少，而且很有意思，民政部就只管慈善部分，不管别的。不同类型的基金挂在不同的部门下面。所有的法律、规矩、习惯、管理方式都是由这样的文化上下文来拟定的。你只是告诉他们有这样一个法律，有这样一个规矩，我们就是这样一个管理方式，他们不会懂，不会理解这是怎么回事。所以，这个既有法律背景又有德国生活经验的中国人起了巨大的作用，他完全明白真正的区别在哪里。他会给中方代表团解释，很多最重要的沟通都是在午餐和晚餐的饭桌上完成的。不过，这样的人极少，在德国就他一个。我们每次有类似的项目都会找他，可是他还有其他的工作。

采访人：在这方面，现在的情况是不是会比以前好一些？

阿克曼：当然了，当然比过去好一些。可是也应该说，科技方面的交流一般来说会比文化交流或者人文交流好办，因为科技交流有非常清楚的目标，双方的思维方式比较相似。虽然在科技交流中也会有文化因素的干扰或是推动，可是，两个搞物理研究的人进行专业交流时基本上不用说话，他们只要写一个公式就可以了。如果是两个搞建筑学的人进行交流就更有意思了。我们曾经组织过中德双方的建筑学家进行环境保护类的项目，他们会不断地在纸上画草图，很多用语言交流不清楚的事情一画图就都明白了，我觉得很好玩。

采访人：既然都是同行，是不是还是会有文化背景上的交流需要？

阿克曼：当然，一个跨文化的交流不可能没有文化差异的问题，只是有时候不那么明显，有时候很严重。大概商业性的交流要比文化交流简单，因为双方都非常清楚对方的底线在什么地方。双方都会抱着"吃亏我就不做"的根本原则。我的目标是一年之内挣一亿欧元的利润，少了的话我就不干了，诸如此类。不过，经济方面的交流还是会因为文化方面的差异而出问题。有资料说，德国在中国投资的大概60%的项目都失败了，主要问题归于文化差异。

采访人：有这么高的失败率吗？

阿克曼：对，原因没有别的，就是因为文化上的差别，双方弄不到一起了。大企业、大投资可以无所谓，失败就失败了，这个项目失败了，我就做其他的。可是，有很多中小企业，它们匆忙地跑到中国来，办一个企业，然后很快就失败了，有时可能就因此退出中国市场了。

采访人：就是什么都推行不了？

阿克曼：对。

采访人：这么严重？

阿克曼：对。当然，我这里所说的60%不是指投资额，而是指项目的数量。西门子、大众这些投资巨大的企业，可以靠经济实力、多项目适应活下去。可是，有一些小企业，比如做螺丝钉的小企业家到中国来开一个小小的工厂，常常很快就失败了。他们对文化差异的影响根本估计不足。其实，这种因为沟通障碍而产生的失败，可能会失败一次或者两次，往往第三次就成功了。

采访人：您也会接触到这些经济领域的人士吗？

阿克曼：我当然接触过这样的人，和这样的人打过交道，搞文化交流不得不去拉赞助，这是一个非常头疼的事情，非常非常头疼。我自己当然没有做过生意。

采访人：根据您的经验，企业会愿意支持这种文化上的投资吗？

阿克曼：不多。

采访人：企业在这方面的态度积极吗？

阿克曼：很多企业自己做文化，这种情况下企业会有一个很清楚的方向。它们会赞助比方说时装方面的东西，因为这与我的企业形象相匹配。或者赞助一个特定的活动，比如劳力士，它们就赞助网球比赛，因为觉得网球是一个比较贵族性的运动，是一个比较贵的体育项目，给人很高端的印象，而我的手表也是一个高端的产品，所以我们就匹配。现在的大企业基本上都有一个非常清楚的文化赞助战略,它们不一定愿意跟你合作,它们有专门部门做这个事情。比如说,奥迪会在中国开展很多文化活动,但这些活动完全是他们自己搞的。

采访人:它们有自己的文化推广部门?

阿克曼:是的,这是它们公关部门的一部分。所以,你早晚会知道,找它们没用,因为基本上它们不愿意跟别人合作,它们做自己的事。其他公司,比如说华为可以谈,宝马可以谈,奔驰也可以谈,可是应该符合它们的企业定位和企业形象。它们不会因为觉得某个项目太棒了,然后就决定资助,不是这样的。

采访人:您脑子里会很清楚地知道从哪些企业能够获得怎样的资助吗?

阿克曼:这需要学习,慢慢地你就会知道,你有什么样的一个项目可能在哪一个企业拉到赞助。

采访人：在拉赞助的过程中，企业会明确告诉您自己的形象定位吗？还是需要自己慢慢揣摩？

阿克曼：它们一般不会明确告诉你，它们只会告诉你，这个项目不符合我们的形象定位。不过，如果你知道它们赞助过哪些项目，它们自己做过一些什么项目，那么你大概能够知道它们对自己企业形象的定位。

第五章
孔 子 学 院

采访人：据我所知，您在歌德学院的任期结束之后还在孔子学院兼任顾问一职，您能说说当时是怎样和孔子学院建立起合作关系的吗？

阿克曼：2011年歌德学院的任期结束之后，孔子学院的总干事许琳找我，问我愿不愿意做他们的顾问。我觉得，我还没有在一个中国机构里做过事，可能会很有意思，就答应下来了。

对我来说，这是非常有意思的经验。孔子学院是官方机构，同时又是对外文化交流机构，也是对外语言教学机构。我虽然不完全在这个机构之内,只是他们的顾问,可是,近距离的接触还是让我体验到了官方机构的运作方式。我当时同意去孔子学院,基本上有两个原因:第一是我从事了三十多年的对外文化交流,现在希望能够从另外一个角度来看这件事情,中国怎么做对外文化交流,我很好奇;第二就是我当时认识孔子学院的总干事许琳。我觉得这个人非常有意思。她是那种真正的共产党员,那种确实想干好事情的共产党员。不知道你认不认识这样一类人,特别是女人,她们什么都敢做,什么都敢说,力气和能量巨大,当然脑袋里也有一些框框。可是,她们所说的道德标准,她们也用来要求自己,她们所说的跟所做的是一码事,完全一样。她就这么说,也这么做。许琳学的专业跟文化没有一点关系,她学的是化学,她的经历很传奇,做过驻外教育参赞,在世界银行任过职,后来受命创立孔子学院。孔子学院开始时是空白状态,什么都没有。她在十年之内就建立了巨大的国际网络,我作为曾经创立过歌德学院分院的人,理解这意味着什么。我觉得很不可思议。

采访人：您指的是孔子学院的发展速度？

阿克曼：对。孔子学院的发展速度相当惊人。许琳的性格很干脆、很果断，当然，也有些"暴躁"，你干得不好，她骂起人来一点面子都不留。所有孔子学院的人都怕她。她一发脾气，孔子学院上上下下没有一个人不害怕。可能唯一一个不害怕的人就是我，我也可能是孔子学院里唯一一个没有被骂过的人。她一直叫我李德，就是20世纪30年代共产国际在中国的顾问的名字，按照我当时在北大学习现当代史的说法，就是那个把中国革命弄坏的德国人。

采访人：她认为您也起到李德在中国近现代史上的某些作用吗？

阿克曼：当然，一半是开玩笑。因为开始时，我批评孔子学院的工作作风是打游击，游击战有游击战的优点，可是最后的胜利不是游击战打出来的。她说，你不懂，现在只能打游击战。从那个时候起，她就叫我李德。不过她还是一定要我过来，对我也非常信任，很坦诚，把我当作自己人看待。

采访人：您是在歌德学院工作期间认识她的吗？

阿克曼：我还在歌德学院的时候就认识她了。第一次是在法兰克福书展，中国是那一年的主宾国。

采访人：那时候她是？

阿克曼：好像是孔子学院受委托主持主宾国的一部分活动，她请我参加一个论坛，我们就这么认识了。在2010年上海世博会，我请她参加了一个论坛，当时的德国总统也参加了。我们偶尔会聊一聊。她知道我要退休，就几次催我，就这样。她非常有战略眼光，知道该怎么做。

采访人：什么叫"知道怎么做"？

阿克曼：就是做成一件事需要考虑哪些问题。她不媚上，不怕领导，不会一直琢磨领导怎么想，领导希望她怎么做。她想的是怎样才能说服领导。这是一种完全不同的态度。

像这样的人，我认识的不只她一个。第一个给我留下深刻印象的是王安忆的妈妈茹志鹃,她是一个作家。我是80年代认识她的,跟王安忆一起认识的。特别有意思,王安忆显得很女性,很文雅,而茹志鹃就像一个老将军,超严厉,甚至有点"粗鲁",有时会骂人,非常强势。她当时好像是上海作协的主席。那时候,作家协会是很有影响力的机构。她也是一名老共产党员,保持着老共产党员的政治理想。可是,她们什么都经历过,所以也知道,光靠理想是不够的。她们的特点是不腐败,一点都不腐败,还抱着一种理想,这是非常难得的。我非常尊重许琳的这种理想情怀,尽管她头脑中的那些框框有时我觉得有些可笑。有一次,许琳对我说:"既然你对水墨这么感兴趣,那么你帮我们在美国办个展览,好不好?"我说:"可以,可是我提醒你,可能这些作品你都不喜欢。"然后,我就把这个展览的策划给她看。她说:"这么多的裸体!"我说:"现在不是60年代了,裸体在艺术里是很平常的表现形式,没有什么可大惊小怪的。"可是,不行,她受不了,你知道吧。

采访人:现在还会有人真的接受不了这个吗?

1986年在上海当代中国文学国际研讨会上与王安忆合影

阿克曼：好像是。她一方面自己接受不了，另一方面也会顾虑他人的意见，会觉得办这个展览可能会产生麻烦。

采访人：我觉得，大众对裸体的态度很有意思。你看，现在大家对于西方写实的裸体画或者裸体雕塑都可以接受，比方说，不会有任何人对米开朗琪罗的裸体有异议，但是，裸体与水墨的结合似乎就超出了一部分人的接受范围了。

阿克曼：对于很多人而言，在画室里面画一个裸体或者是画一个很明显是抄自西方的裸体是可以的。但是你稍微超出这种范畴，很多人就会骂，会骂你画得不漂亮。对很多人而言，唯一可以接受的裸体标准是"漂亮"。这是一个审美上的问题，不完全是水墨裸体超出大众接受习惯的问题。

对中国画来讲裸体是不可能的一个题目，过去的文人画绝对不会画裸体。春宫画里有裸体，可是那种裸体非常模式化，其中的裸体并不重要，只是性活动的表现而已。一般画得也不是太好，跟日本不一样，日本浮世绘里的春宫画艺术水准很高，对裸体有研究，对裸体的理解也很深入，中国没有。中国的春宫画一般来讲对人体不是研究性的，裸体艺术不登大雅之堂。所以，从文人传统来讲，画裸体、研究裸体是不可能的，认为有违道德。可是，水墨画裸体在30年代已经偶尔有之，80年代之后到现在就更多了。不过，确实也有一些画家把裸体画得很色情，真的是很"黄色"，影响也不好。

采访人：我们接着说说许琳和孔子学院吧，感觉您说到的许琳显得蛮可爱的。

阿克曼：许琳聪明极了，非常聪明，她自己也说："你应该理解，我是一个马列主义老太太。"她第一次看靳卫红的画当然觉得绝对不可以，但慢慢地也开始接受了，现在特别喜欢，因为她突然发现，这是一个只有女性才会表达出的东西，很有意思。后来，靳卫红送过她一幅画。这幅画画的虽然不是裸体，可还是蛮"不传统的"。有一次她和中国的某个大学校长或是其他什么人吵架了，那个人说她太保守，她特别愤怒，跑回办公室，把靳卫红的画拿出来，冲那个人说："我保守吗？"她有这种可爱，你知道吧。

采访人：太可爱了。

阿克曼：许琳现在也喜欢一些这样的画，因为她认识到，这些画让她发现了自己的女性特质。在看这些画的时候，她会有一种"这些画上的东西确实和我有关"的感觉。这些画让她看到自己也是一个女人，感到"这些画表达出的东西我知道，我经历过"。在许琳身上，你能看到一种否定自身女性特质的倾向。对她们而言，男女平等是一种绝对的完全彻底的同质化。她们希望自己能够做到比任何一个男人都强，希望自己比男性更男性。可是当她在观看靳卫红的这些画时，她突然发现自己的另一面。尽管她现在可以接受这些不那么符合传统规矩的艺术，甚至还跟我们去过一些当代艺术展览，也相当好奇，可是，在最根本的心理上，她还是认同文化应该为政治服务。她现在做了十年的对外文化交流，或者说做了十年的在国外教汉语的工作，在这些工作中，她学到了不少东西。她也明白，在对外文化交流中把活动跟政治的关系搞得太密切没有什么好处，也了解了一些国外做文化交流的规矩。她不假，这种人我很尊重，尽管很多方面我们常常有这样或那样的矛盾。我觉得她太不懂事,她也觉得我太不懂事。

采访人: 您觉得她邀请您过来的主要目的是什么呢?

阿克曼: 她好像明白,孔子学院需要一种来自外面的声音,需要一个从另外一种视角看事情的人。她当然不一定听我的,大部分时候都不会听,因为她明白有些事情理论上该做,可是实际上做不到。她这方面比我清楚得多。我和她约定,我现在处于退休状态,在孔子学院只做顾问,而不是一个具体办事情的人。这样,我们就慢慢找到了一个双方都可以接受的合作方式。我帮孔子学院做了一些事情,比方说,帮助他们了解并进入文化交流领域。现在孔子学院面临的一些问题,有些原因也在于自己。他们在宣传中把自己定位为中国的歌德学院、中国的塞万提斯学院。这样,文化界就会对孔子学院有所期待,会有一种"我要看看你对我有什么用处"的心态,会希望孔子学院起到文化推介作用。然而在实际操作中,他们发现孔子学院在文化交流方面还没有完全起到应有的作用，对此有些失望的情绪。

采访人：中国文化界本来希望孔子学院能够起到文化推广的作用？

阿克曼：在他们的想象中，孔子学院的作用应该类似于歌德学院或者塞万提斯学院。他们当然会有些失望，因为孔子学院在这方面的作用还没有完全形成。

采访人：在孔子学院的初衷里到底有没有成为一个文化交流的平台，把中国艺术家介绍出去的想法呢？

阿克曼：没有。第一，严格来讲对外交流不是孔子学院的事情。孔子学院是隶属于教育部的，而教育部不负责文化交流方面的工作，文化交流是文化部负责的范畴。第二，孔子学院还缺乏做文化交流的能力。对孔子学院的局限性我们也应该予以理解。其实只要在宣传中老老实实地承认他们的任务就是在国外教授汉语就好办了，也确实是因为世界各国对学习汉语的需求越来越大,而国外教授汉语的机构又很少,无法满足不断增长的需求。教汉语本来就是建立孔子学院的最初缘由。

采访人:跟歌德学院刚开始建立的时候类似?

阿克曼:对,可是歌德学院很快就变成了文化交流中心。

采访人:也就是说,其实在孔子学院的建院宗旨和大家对它的想象期待之间有一个很大的差距。

阿克曼:所以我要说,这里面有误会。中国文化界还没有明白,孔子学院不是一个文化交流机构,它是给外国人教汉语的机构,是一所汉语学校。当然,理论上它也有推广中国文化和做文化交流的责任,只是实际执行过程中有两个问题:第一,他们对中国文化的理解多还停留在写毛笔字、包饺子、打太极拳的阶段。这些所谓的文化实际上只是汉语教学的"配菜",就是让学生画一些小画,打一打太极。我刚进孔子学院的时候,他们对文化交流的理解就是这样。他们跟中国文化界几乎没有联系。那时，人们对中国文化的理解基本上也是这样的，所以他们在这方面跟领导也没有什么矛盾。假如他们自己说，对不起，我们不是一个文化交流机构，我们就是一个教汉语的机构，有时也做一些中国传统与汉语教学相结合的活动，那么，大家对孔子学院就不会有什么意见了。现在很多中国人会觉得为什么花那么多钱让外国人学汉语，他们愿意学汉语当然应该由他们自己出钱。这种思维方式很流行。我现在主要做的就是帮助他们慢慢理解文化交流意味着什么，应该怎么做。

采访人：我很好奇，孔子学院本身想让自己往哪一个方向发展呢？他们自己也想往文化交流的方向发展吗？

阿克曼：他们还是想往文化交流的方向发展的。不过，在孔子学院里还很少有人做过专业的文化交流，被视为文化的都是打太极、练武术之类的事情。事实上，在国外的其他一些文化交流机构也没有起到很好的交流平台作用。

采访人：怎么讲？

阿克曼：比如有些机构在柏林盖了非常好的房子，花了不少钱，可是里面没有什么东西。管理者就是一些普通干部，不了解文化交流，也不了解文化界，做活动也缺少完整的规划。我现在主要在帮孔子学院筹建一个文化处，这是第一步，在汉办总部。

采访人：也就是说，在孔子学院下再建立一个文化处专门负责文化交流？

阿克曼：是，在孔子学院总部里建立一个文化处。我们想先培养出文化交流方面的人才。我跟一个同事，一个我们专门招聘来的这方面的专家一起做。

采访人：专家是中国人还是德国人？

阿克曼：是有德国国籍的中国人。然后，我们选了一些在这方面有一定能力的孔子学院来做试点。中国人一般不知道国外的孔子学院并不是一个中国机构，而是一个国外的机构，它们通常是一所中国大学和一所国外大学合办的机构。孔子学院总部会支持一部分经费，国外机构自己也要挣钱。可是从法律上来说不是一个中国机构，这个和歌德学院不同。

采访人：为什么孔子学院成立时没有像歌德学院一样，坚持自己作为中国机构的身份？

阿克曼：我觉得孔子学院这样的做法非常聪明。我不知道是谁想出来这样的方式，太聪明了。第一，假如完全依照歌德学院或者其他类似机构的方式去办，孔子学院不会有这么快的发展，绝对不会。加上现在这种纯粹由国家办的对外文化机构，我觉得已经过时了，现在确实应该走合办的路。把自己的文化给对方看，宣传自己多么伟大，多么漂亮，这种时期已经过去了。现在就是要合办。不过这样的方案也会有一定的困难。有一个中方院长，一个外方院长，在实际合作中，双方院长经常会产生摩擦。中方院长多半是从中国大学里派出的人员，他们没有相关的专业知识，所以有时候做起来会比较辛苦。这也是跨文化合作中存在的困难，甚至我还听过取消中方院长的提议。

采访人：取消中方院长？

阿克曼：是的。但我认为取消中方院长的设置是错误的。我觉得能够根本解决问题的还是人才的培养，合办是聪明的解决之道，估计以后所有的类似机构都会采用这种方式。

采访人：以外方为主的合办？

阿克曼：对，用这种方式可以马上建立一个基地，外方院长也完全了解当地的情况，所以我觉得，从实际效果来讲，这是一个非常聪明的办法。跨文化的合作必然会导致跨文化的矛盾，与此相应，就需要孔子学院培养合适的人才。所以，我现在基本上管两件事：第一就是将来的中方院长怎么培养，第二就是怎么搞文化交流。

采访人：一般不懂行的人多半会认为，文化交流应该是一件很多人都能够做的事情。但是在和您的交谈中我发现，文化交流还是有很强的专业性的，是这样的吗？

阿克曼：绝对是，在德国有相关的专业，在大学里是一个需要三四年时间来学习的专业，名称是"对外文化管理"。

采访人：我很好奇，您现在帮助孔子学院培养对外文化交流的人才，具体会做些什么呢？

阿克曼：我觉得，对外文化交流管理这种专业当然也需要一定的理论基础，可是更重要的是实践，需要实际策划和执行中的经验。这样，你才知道在一个陌生的文化环境里应该怎么做。现在很多中方院长不会说当地的语言，所以也很难发挥更大的作用。去英语国家的情况会好一些，可是孔子学院在非英语国家也设立了不少分支机构，在德国就有15家孔子学院，其中大概有十位中方院长不会说德语，这是一个问题。

采访人：所以您当年拼命地学俄文？

阿克曼：当然，这是绝对必要的。应该知道怎么很快地学习一门语言，这也属于专业的知识和技能。

采访人：您觉得，对于中方院长这个岗位而言，怎样的人选才算合格？身在这个职位的人应该做到什么？

阿克曼：这个我现在还不知道，具体的培养方式和要求还在摸索过程中。我们都还在探索阶段。不过，我们的培养方式和学制三四年的大学专业培养当然会不一样。专业培养的时间长，我们不可能有那么长的培养时间，所以我们无法照搬专业的培养方法。现在的中方院长只有一个月的培训准备时间，专业的方法对我们而言不现实，也没有什么实际的用处。

采访人：您觉得做这种对外文化交流机构的院长，不管是孔子学院也好，歌德学院也好，最终应该具备怎样的素质？

阿克曼：这完全是另外一个题目，基本上最理想的是：第一，起码学过两三个月的外语，这样至少知道接下去应该怎么继续深化一门语言；第二，应该在国外待过；第三，应该学习过文化管理；第四，需要有一种战略性的思维方式，还需要有很强的交际能力。我一直跟他们说，一个刚刚学了一个学期的医学专业学生，你会让他动手术吗？你绝对不能接受；可是做文化交流，只要有一个月的培训就可以了吗？所以，目前的情况是，大部分的中方院长都是凭着自己的能力在做事，但受过专业培训、真正能够主持文化交流的还很少。能做这种工作的外方院长也很少，他们原来的工作大都是在高校里老老实实地教汉语，是为大学服务。这就会导致一个问题：大学是向内的，而文化交流是向外的。

采访人：外方院长其实也都是教师出身，隶属于本地的大学？

阿克曼：有相当一部分是汉学系的系主任或是由汉学系的老师来兼任，也没有经过系统培训或者只经过很少的培训，因此存在很大的偶然因素。碰到一个有这方面能力的人，就会很好，反之就会产生一些问题。孔子学院发展得非常快，没有任何其他国家能够做到这一点。现在需要实现从发展数量到提升质量的改变。可是，质量是一件很难解释和展示的东西,它不像数量的增长那样明显,也很难得到量化的表现。所以我觉得许琳是特别适合这一岗位的人选。她知道怎么做这件事情,也知道怎么和对方打交道。

采访人:如果放下实际执行中的困难不谈,您觉得,在理想状况下孔子学院应该做些什么?

阿克曼:我觉得,孔子学院应该在注重数量发展的同时,认真考虑自己究竟需要一个怎样的网络。过去建立孔子学院的方式基本上就是哪家大学申请设点,孔子学院就在哪家大学设点,这也是一个问题。

采访人:孔子学院的网络建设是一个被动适应申请的过程吗?

阿克曼:不能说是被动的。要知道,申请设立孔子学院的大学有很多,现在还有很多大学希望合作设点。可是孔子学院要考虑跟哪些大学合作更适合,或者是否一定要跟大学合作。以系统的、具有战略性的方式发展孔子学院的网络当然好,可是在实际推行过程中会遇到很多复杂的情况，扩充数量也会变得艰难。因此要通盘考虑。

采访人：对孔子学院的发展会有数量上的要求吗？

阿克曼：有数据容易考核，大家都会觉得很好。可是，如果你说，今年我们不扩建分院了，我们就专注于提高质量。可什么叫提高质量？没有数据，就没有说服力，就需要慢慢解释。数据是最有说服力的。又增加了多少个分院，学汉语的人数又增长了多少，这是有说服力的。我完全理解其中的逻辑。

采访人：您觉得除了培养中方院长之外，孔子学院还应该做些什么？

阿克曼：如果孔子学院真的希望发展成为文化交流机构，那么其中还有很多需要做的事情。想做好对外文化交流需要明白相关的语境，需要一个结构性的逻辑。这些并不简单。当然，这也需要组织文化交流的人表现出对文化应有的尊重。否则，文化界的人不会愿意跟你打交道。我最近和一个非常著名的艺术家谈了一个项目,他询问资金的情况。当我说到我是在给孔子学院办事,对方就有些犹豫了。孔子学院现在想在文化界树立声誉,还需要更多的努力。

采访人:那么以后的工作应该怎样开展呢?

阿克曼:改变并不是不可能。我们现在要努力做事,做他们没想到孔子学院会做的事情。

采访人:现在有没有正在进行的项目?

阿克曼:有,他们策划了几个项目。当然,这些项目都不大,因为还不具备做大项目的能力。比如,做一个很大的中国当代艺术展,或者做威尼斯双年展的中国展厅,这样的大型项目孔子学院现在还不太胜任。这需要慢慢培养。从工作态度上来说,他们都非常努力,经常加班,也很愿意学习。理解文化交流的核心并不容易,要成为一种内在的意识更不容易。比如近期在法兰克福书展上做的一个关于中国绘本的展览,是第一次做这么专业的展览。不过，这个活动的规模也不大，但会让大家明白，这件事情原来是要这样做的。实际进行的过程中还是会发现很多问题。比方说，我们请了两个优秀的绘本艺术家来参加活动，可是，具体的工作人员不完全明白，作为活动的举办者，他们有责任照顾好这些艺术家，让他们感受到孔子学院对艺术的重视。可是，他们把精力放在了其他方面，对两个艺术家却过问较少。所以我觉得，孔子学院如果真想做对外文化交流，还有很长的路要走。

第六章
当 代 艺 术

采访人：在对外文化交流之外，您一直对艺术，特别是中国当代艺术很感兴趣。在相关报道里我也看到，90年代圆明园画家村兴起的时候，您好像也和住在那里的艺术家有着比较密切的交往。您能详细谈谈当时的情况吗？

阿克曼：我因为歌德学院建院的事情来北京之后，一直住在圆明园附近。我那时候住的地方实在是太豪华了，因为偶然的原因，我们租下了圆明园旁边一个叫"达园"的地方。这个地方属于国务院管理。80年代末开始对外开放，想以此增加一些收入。那里面特别漂亮。我们就住在一个小四合院里，原来是一个尼姑庵，后来改成一个可以住的地方。那时候的租金也特别贵，好像是一个月五千美金，对当时的中国人来讲是不可思议的。

采访人：当时的房租就需要一个月五千美金，够贵的。

阿克曼：也许是三千美金，具体数目我现在记不清楚了，反正在当时是非常贵的。不过是由单位来付钱的，所以我才可以负担得起租金。这个地方离歌德学院不太远，往返很方便。我们当时住的小院隔壁就是圆明园的那个小村子，那里住了很多艺术家。

采访人：您是住进小院之后才知道隔壁村子里的那些艺术家，还是之前就有所耳闻？

阿克曼：艺术家迁入圆明园大概是1989年之后的事，而我们入住达园是在1988年。

采访人：刚开始隔壁村子里还都只是村民而已？

阿克曼：对，都是村民，后来那些艺术家才慢慢搬进去，就是这么认识的。

采访人：您第一次来中国学习是在70年代，80年代再次来北京一定会感到很大的变化吧？

阿克曼：变化相当大，生活节奏变了，最重要的交通工具已经不是自行车了，取而代之的是面包车。

采访人：我知道，就是大家说的"面的"。

阿克曼：整个城市的速度感已经变了。这些"面的"破是破，可是怎么说呢，很有活力。那时有一批人已经开始发财，北京也确实开始有自己的文化圈子，从1978年起。今天这些人中很多已是著名的艺术家，他们就是从那时候开始的，发展得很快。80年代起，北京有了一个自己的非官方艺术、非官方文化，很活跃，也很乱。那时候，你请这些人吃顿饭他们就会高兴得不得了，他们的生活条件并不好。他们也想卖画,这样就可以追求更多的女孩子了。画画、吃饱、追女孩子,对他们来讲就是生活。那时候只有一些外国人偶尔买一些画,不多,他们混得不容易。他们过的是一种波西米亚式的生活,对好多女孩子有吸引力。所以,这些人有些像"饿狼"。

采访人:双重的饿。

阿克曼:是,双重的饿,身体的和精神的。

采访人:那时候这些圆明园的画家是不是经常会到您这儿来?

阿克曼:对。

采访人:有些报道里提到,当时在艺术圈里有个"阿克曼圈",确实是这样吗?

阿克曼:我也不知道这算不算是"阿克曼圈"。反正,我会帮他们办展览。我们就在达园的院子里给他们办展览,会有一些外国人来观展。那时候中国人一般也不会买他们的画，只有外国人会买，所以我们就拉一批外国人过来，帮他们在空房子里办展览，偶尔能卖出一幅画，他们都很高兴。

采访人：跟艺术家打交道的时候，他们看您的眼光会跟普通人不一样吗？

阿克曼：相当大一部分人会觉得这个人是老外，是一个院长，要好好拉拉关系，或者是类似的想法吧。对这一点我不喜欢。反过来，我也理解他们。他们能有什么出路呢？没有出路。没人买他们的画，可他们也有自己的理想。这也很有意思，对于穷困潦倒的艺术家，大家一般会有一种惯性的思维模式，通常容易把他们想象成很有才气，但又穷得不行，非常自傲，也有着非常高的道德水准，其实不是这样。这些人就是"饿狼"，知道吧？才气不一定都有，可是相当一部分还是有才气的。后来，突然就出了名，发了财。那时候我已经走了。

不过，现在和这些人见面还是以前的感觉，虽然他们现在都开着保时捷，开着劳斯莱斯，但是见面时的感觉没有变，从这方面来说我还是很喜欢。

哥们儿还是一辈子的哥们儿。我发现，他们对我还是有一种莫名其妙的尊重。

采访人：为什么说是莫名其妙的尊重？

阿克曼：因为我觉得我没做什么大不了的事情。我只是玩，跟大家一起玩。当时一起混的还有作家，有诗人，有搞音乐、搞摇滚的。那时候，我在歌德学院进行文化交流，所以我交际的范围很广。我对所有有想象力的、有创造力的、有精神追求的人感兴趣。对于80年代中国的文化状况，我们当然可以有各种看法，可以说他们盲目模仿西方现代主义或是别的什么。但是，在当时的那种条件下，这种模仿是不可避免的，并且是具有推动力的。我们应该理解，他们突然发现了还有另外一个世界。他们那时候没有资料，也没有网络，什么都没有。我去过他们的家，最多就只有一本很差的、已经不知道被多少人看过的、偶尔拿到的艺术杂志。一本涉及西方艺术的杂志被无数人看过，已经看烂了，都快看不清楚了，这就是他们的材料。当然，他们也听说过大师的名字，作品卖得非常贵。我们不能对这些人一概而论。这些人也很复杂,在这个圈子里也有各种各样的人。那时候,偶尔也有艺术家想把画送给我,我觉得他们的作品对中国文化的发展很有意义,可是我不一定喜欢每一幅,我就不要。我并不想成为一个收藏家,这些东西送给我,或是我自己买,放在一个仓库里,那有什么意义?从中国艺术史的角度来讲,这是一个新的时代。这些作品推动了中国艺术离开原有的那一套。他们中的很多作品是对西方当代艺术的模仿,各种各样的模仿,什么时髦就做什么。当然也有例外,但不多。像方力钧、王广义、曾梵志他们的作品还是不错的。我明白,这是一件非常重要的事情,那个时代确实推动了中国艺术的发展。不过,作为一个西方人,这会给我一种已经看过的感觉。这些作品对中国的意义是明显的,但它们在艺术史上的位置究竟如何,现在还不好说。从艺术上看,算不上完全的创新。这是时代的特点,很多作品你几乎马上就可以说出哪一个西方的大师是他们的模仿对象。

采访人:您现在的夫人靳卫红也是知名的当代水墨画艺术家,您也是在圆明园画家村里认识她的吗?

阿克曼：不是，她不是那个圈子里的人。那时候我已经开始对当代水墨感兴趣，认识了一个在南京的艺术家，现在也很有名。1990年秋天，我跟一个德国的画家朋友去南京找他。我问他，南京有没有有意思的艺术家。他告诉我，有一批年轻人，他觉得还可以，然后就带我到靳卫红当时的男朋友家，他也是一个艺术家。在那里，我看了他们的画。我觉得两个人的画都很有意思，当时还买了她两幅画。我确实喜欢她的画，第一次买的画还在这儿。后来，我们一直都有来往，他们也来过北京，我工作到南京或是在展览上也常见他们。他们跟"新文人画"的这批人关系密切，而我跟新文人画里的朱新建的关系比较特别。

采访人：他曾经在您家里借住过一段时间吧？

阿克曼：对，他1991年从法国回来。他也是一个流浪者，根本就没有家。我的大院里反正有很多地方。他到了北京后，我就说，你如果愿意，可以在我们家里待着。我给他腾了一间房子出来，他在我们家住了两年。我们是很好的朋友。

采访人：他算是带您进入水墨的领路人吗？

阿克曼：在水墨方面，朱新建对我而言是很重要的人。我能看到他怎么画画。水墨跟弹钢琴一样，弹钢琴你要看人怎么弹，水墨你要看这个人怎么画。所以，他让我对水墨的本质有了一定的理解，我非常感谢他，这个人也很特别。

采访人：他是专业学水墨的吗？学院出身？

阿克曼：他好像是学工艺美术的。他在南京的时候挺有名气的，第一，他确实有才气；第二，他画的是比较"色情"的东西，所以在圈子里头出了名。他的画在新文人画的展览里展出过，偶尔也卖画，当时卖得很便宜，也卖出去了不少。然后，他跟所有人一样，觉得一定要去国外，一定要去西方。于是，他就决定去巴黎。去巴黎后，他发现自己什么都不是。好多当时在国内有了一定名气的艺术家都有过类似的遭遇。他们一定要去美国、法国，可到了那里才发现自己什么都不是，自己在国内的一点名气起不了任何作用，所以很多人感到特别失落。

我估计朱新建在法国也碰到了这样的情况。在法国没人懂水墨画,他画了一些"色情"的东西,因为别人觉得这是东方的。

采访人:异域色彩?

阿克曼:对,可是他自己也觉得没有多大意义,1991年回国。回国之后又有失落感,因为在当时的中国,除了极少数人,也没有什么人认可他。他画画就像人需要呼吸一样,是生命的一部分。他对艺术的理解是我认识的人当中最深刻的。他的生活方式比较混乱,不符合一般的日常,除了爱画画,还爱女人,然后爱吃肉,别的都不吃,不喝水,喝可乐,抽烟抽得一塌糊涂。跟他聊天特别有意思,无论是聊艺术还是聊别的,他都不是那种知识分子的做派,但他的知识很丰富,爱读书,也读过不少书。他对世界的理解超出了书本知识,对自己的外貌根本就不在意。由于他的生活方式确实太不健康了,很年轻的时候一口牙几乎全没了,最后就只留下来一颗,他也不在乎,只是觉得红烧肉应该烂一点,否则会咬不动。

采访人：非俗世中人。

阿克曼：对。跟这个人我确实学了不少东西。他现在被当作大师，但那时候什么都不是，没有人觉得他重要。当然，官方艺术也不太会接受这样的人。你不得不承认这个人才气太大了，可是，他生活得乱七八糟，加上各种各样的个人方面的问题。他的画卖得很便宜，他也无所谓，完全无所谓。这个人画完了一幅画之后就不管了，剩下的部分他完全不感兴趣。他也不会把成功的作品和失败的作品分开来处理。不像一些艺术家，会将不成功的画扔掉。他什么都不管，那些画就放在那里，你想买就买吧，一百块钱、两百块钱都行。

采访人：好散淡。

阿克曼：对，确实。是他让我明白，潇洒是什么意思。他就是一个真正潇洒的人，也是一个非常好的朋友。

采访人：作为一个德国人，您为什么会对中国水墨感兴趣呢?

阿克曼：无论是从理论上讲，还是从创作过程上讲，或是从他们对艺术的理解上讲，水墨都处在一个在西方艺术里面不存在的立场。所以，我很感兴趣，并希望知道，这种艺术的立场能不能在当代产生意义。你现在去全世界看当代艺术，基本上都靠向西方20世纪的艺术革命，自己的艺术传统要么已经失去了，要么只能重复老一套，或是干脆变成"Kitsch"。

Kitsch通常被翻译为"媚俗"。它原来是一个犹太词，最早是指犹太小生意人赶集时给女孩子买的那些看起来很值钱、实际上非常便宜的东西。这就是Kitsch原来的意义。实际上，现在中国很多的审美都是一种Kitsch。

采访人：中国传统书法讲求"笔意"。所谓的"笔意"已经跳脱了"模仿说"的体系，艺术家讲究的是把个人的情绪都搁到这种线条的"笔意"之中。在您看来，这是不是也是水墨不同于西方艺术的特色所在？

阿克曼：但问题在于，和其他的艺术体系一样，水墨也和社会系统有着直接的关系。我不喜欢"中国传统艺术"这种概念，因为所谓的中国传统太丰富，而你所说的传统又具体是什么传统？笼统地说"中国传统"这个概念是空洞的，没有内容，没有意义。比方说文人画，它和文人社会有直接的关系，文人思维方式在好多方面有它的文化特点，在其他文化中要么不存在，要么完全不同。可是，今天的文人社会已经消失了。甚至已经完全不能理解一个文人的思维方式，他怎么去看这个世界，怎么理解他自己，以及他所存在的社会。这是一些与现今社会完全不同的思维方式，现在的人已经不能理解了。所以，你看四王或者八大山人，你只能有一种审美感而已。至于他们为什么用这种方式表达自己，表达对世界的认识，你已经不理解了，这种思维方式在中国已经消失了。所以你再继续画这样的画，画出来的就是一个完全空洞的东西。所谓的今天的传统的国画，要么完全是一种技术性的、没有内容的东西，要么是 Kitsch，是一个假的东西。

你现在还可以画花鸟，画山水，可是，你看现在的大自然跟那时候的大自然已经完全不同了。如果你现在假装还在明朝或宋朝，那只能是假的。所以，从 20 世纪开始，中国的水墨艺术面临很大的危机。黄宾虹可能还可以算作最后的文人。那时，他确实还继续着文人的传统，他还明白文人是什么。可是其他人都弱了。晚清的中国艺术总体而言非常弱。唯一的例外是齐白石，假如齐白石成功的话，有可能打开中国艺术的一条新路，可是他没有成功。

采访人：为什么您觉得齐白石没有成功，什么意义上没有成功？

阿克曼：他作为艺术家成功了，可是他对中国艺术的发展没有产生太大的影响。当然，有好多人模仿他，可是很少人明白，齐白石有一个特点就是他不是一个文人，他是一个木匠。他把文人和民间工匠这两种传统弄到了一起。这是他的特点，他跟其他同时代的人都不一样。可是彻底把中国传统艺术破坏掉的还是那些现实主义的框框。

采访人：我还是对您的"齐白石没有成功"的说法比较感兴趣，您还能详细展开说说吗？

阿克曼：他对中国的艺术发展没有起到作用，而影响中国艺术走向的是徐悲鸿，还有一些三流的艺术家把这种所谓的现实主义弄到中国来了。现实主义跟文人画是完全相反的东西。文人画从一开始就否定写实性。他们从宋朝起就看不上当时的那种自然主义、现实主义的画法。苏东坡说，这是孩子玩的东西。可是，康有为这些人突然就迷上了在西方已经过时了的艺术方式。

采访人：可是我觉得这也可以理解。可能因为您本人就来自西方，对自然主义、现实主义这样的作品已经习以为常。可是，对于当时的中国画家而言，他们会觉得这是一个很新的东西。

阿克曼：有意思的是，比如徐悲鸿，他在巴黎的时候，并不去找当时被西方艺术界认可的大师。要知道，那时候毕加索已经是大明星艺术家了。

徐悲鸿找了一个三流的法国沙龙艺术家做他的老师，然后把这些东西弄到了中国。他自己也算不上一流的艺术家。可是因为他代表了当时的意识形态，所以他就成功了，而不是齐白石。

采访人：我大概理解您的意思，作为艺术家个体，齐白石是优秀的，是非常好的。

阿克曼：对。

采访人：可惜的是他没有影响未来的中国艺术的发展。

阿克曼：没有影响。我估计大部分人也没有理解他。他也不是一个知识分子，不能创立一种理论，他只是本能地找到了一条对中国艺术发展而言很有意思的路。

采访人：不过我个人觉得，齐白石的成功实在太特殊，或者说他成为艺术家的路是难以复制和模仿的，因为他的人生太特别了。

阿克曼：对，所以我说各种各样的原因，主要还是归因于当时的社会主流艺术审美。齐白石后期的画很有意思，现代人最喜欢的是他最差的、最弱的那些画，比如画的虾之类的作品。齐白石一直都需要钱，他孩子那么多，所以拼命地挣钱。当时，他的画卖得也不贵，所以他得不断地画这些虾。这完全是一种技术性的东西，是他最弱的作品。可是大家就是最喜欢这些。

采访人：您比较喜欢他的哪一部分作品？

阿克曼：我很喜欢他的人物画，也比较喜欢他的一部分山水画。

采访人：喜欢山水和人物，反而不太喜欢他的花鸟鱼虫？

阿克曼：我觉得他的花鸟鱼虫比山水、人物要弱些。

采访人：那您觉得他的印呢？我觉得他刻的印很有意思。

阿克曼：是挺有意思的，因为他是一个木匠。我不敢多说他的印，我理解更多的是他的绘画。书法和印对一个不是在这种文化中长大的人来说，很难真正地把握到。无论如何，后来的中国艺术没有走齐白石的路，而是走了徐悲鸿的路。

采访人：现实主义是当时主流的审美趋向。

阿克曼：在中国盛行的也不是完全的现实主义，其实那是沙龙艺术的继续，比真正的现实主义还弱几倍。

采访人：您所谓的沙龙艺术具体指的是？

阿克曼：19世纪欧洲的沙龙艺术。沙龙艺术大半都是Kitsch，因为都是假的。实际上严格来讲，它们都不是现实主义。现实主义是19世纪的一种革命性的艺术流派，他们看不起那些新古典主义很假的东西。所以19世纪的西方艺术基本上可以简单地分为两条线索：一条是从现实主义到印象主义再到现代主义；另一条是学院艺术、沙龙艺术、新古典或是英雄主义、历史主义这些。徐悲鸿去巴黎的时候，现代主义艺术已经兴起，沙龙艺术在艺术界日益被边缘化，马蒂斯、毕加索已经是明星，你想想，杜尚的小便池已经出来两年了，而他却把这些过时的东西拿到了中国。

我一直在思考，文人艺术的世界观和社会基础已经消失了，水墨画应该怎样继续？还有可能形成一个在当代有效的艺术方式吗？在非西方的其他文化中，它们自己的传统大都已经消失。我觉得，中国水墨可能是在西方艺术之外唯一留存下来的、可能变成一种当代艺术方式的东西。

采访人：作为一名来自西方文化的相对的局外者，您觉得，水墨艺术在材质或者创作方法方面有没有什么与西方艺术具有本质性差别的地方？或者说，水墨在这些方面是否具有某种潜能，足以产生某种特别的、西方艺术不能够取代的东西？

阿克曼：好多搞水墨的人，他们自己对水墨有一种很大的误会，总觉得水墨是一种材料、一种技术。

采访人：您觉得呢？

阿克曼：我觉得，假如只是材料，那么未免太可怜了。仅仅作为材料，水墨的可能性其实是比较窄的，它不如油画，也不如摄影。可是，水墨画的核心不是技术，也不是材料，是修养。而水墨画的材料和技术非常符合这种思维方式。一般西方人不能理解，为什么一个搞水墨的人，在五分钟之内就能把一幅画完成。他只看到了这个过程，这个过程有点像即兴，实际上情况完全不是这样。这是一种内在表达的过程，通过长期训练达成。油画是一种加工过程，画油画的人其实是在按方案不断加工，不断修改，过程当然也很复杂。而水墨画需要绘画者将内在的经验在很短的时间内表达出来，要么成功，要么失败，只有两种可能性，落笔之后几乎就无法修改，失败就是失败。真正的好的水墨艺术家，大概会把50%甚至以上的作品扔掉或毁掉，因为这些都是未能成功的作品，对于水墨而言，画出好的作品太难了。

采访人：这难道不就是水墨作为材料的特别之处吗？

阿克曼：不是。正相反，是因为写意的方式比较适合这个过程，他们才使用水墨为材料。你当然可以用宣纸和水墨画印象主义、表现主义等，也可以做装置，什么都行，这样它就只是一个材料。现在有好多搞水墨的人画POP（波普），可以说是水墨画，但不是写意艺术。这是对水墨艺术的误解，他们觉得水墨是一种材料，只要玩这种材料，就什么都可以做。艺术概念的区分是从艺术思维及艺术方式出发的。宣纸、墨、毛笔对于这种理念是比较理想的工具，适合写意的创作过程。油画是不断地堆叠，而水墨画则是一气呵成，这种绘画的技术反映了一种艺术的思维方式，这种思维和文人看世界的方式很匹配。

采访人：油画中也会有将画布铺在地面上，然后将颜料滴到画布上或者泼到画布上的创作方法，整个绘画过程也很快。

阿克曼：这是后来才有的，如50年代美国的波洛克或者Informel（非定型艺术）。可是，它们和水墨还是不一样的。当然，好多理论家说，两者在对艺术的理解上基本相似。对这种说法，我并不完全同意。我并不认为波洛克和水墨画是一回事，它们的思维方式还不一样。波洛克是从下意识出发。它说"我让我的下意识起作用",这跟水墨画讲求修养还不同。水墨画的修养并不只是一个下意识的过程,它是意识的一部分,是一个艺术家通过修养所获得的。此外,你研究中国的艺术史就会发现,大部分的大师是在年纪大了之后才做出了他们的重要作品。对于水墨画而言,艺术家需要时间。没有这种修养的过程,没有对自我的艰苦探索,艺术家不可能画出好的作品。修养对于好的水墨画而言是一个条件。

所以,水墨艺术是一种非常难的艺术,非常难。现在好多年轻人就是玩水墨,但我的看法是,你们为什么一定要用水墨去实现想要的效果,可能其他的技术更适合你。他们玩水墨,是因为现在水墨变成了一种时髦。我对水墨开始感兴趣的时候,大家都觉得这个过时了,没意义了。然后,就在最近十年,突然水墨就变得时髦了。可是说实话,中国目前可能最多只有几个真正的水墨艺术家。

采访人:包括您夫人。

阿克曼:对,包括她。

采访人：水墨的材质可控性没有那么强，我觉得。

阿克曼：这种可控性的问题不在于技术层面。现在好多水墨专业毕业的大学生，他们在技术上是没问题的，怎么用笔，怎么用墨，他们都学过，可是他们笔下的东西是空的。他们用笔再对，也没有气质，没有内容，里面没有东西。

采访人：但是，相同的问题也出现在油画或其他艺术创作中。

阿克曼：这不一样。当然，大师永远都是极少数的那几个，无论是中国艺术还是西方艺术。我们现在有一个很大的问题：我们听音乐就听大师的作品，看艺术品也就看大师的作品，以至于我们都忘了，在莫扎特的背后，在提香或者鲁本斯的背后还有多少同时代的艺术家，他们的作品都被堆放在仓库里或者根本不存在了。我们现在看的都是提香和鲁本斯这个级别的东西，所以我们的眼睛被惯坏了，我们已经不习惯看一个平常的、还算可以的艺术家的作品。无论什么艺术，中国艺术的大部分，大约

80%也是一般的东西。你别以为这些过去的水墨艺术家都是大师,也不是。能有多少个八大山人,有多少个金农,有多少个徐渭,屈指可数。

采访人: 对,一定是的。

阿克曼: 这是其一。此外,在一个有活力的传统里,或是在一个有活力的文化环境里,艺术家做出的艺术都不会太差。所以,基本上你看一幅老画,一个明朝的艺术家的画,不会太差。他虽然不是大师,也不是一个让你特别感动的作品,可是它有它的质量。从这个角度看,中国目前正处于危机之中。你看现在有些被尊崇为大师的水墨画家,他的作品其实很空洞,甚至在技术层面上都算不上一流。可是,这些作品还是被时代接纳,画这些的人被尊为大师。这很可悲。

采访人: 也许,对于绝大多数中国的受众而言,他的画是好懂的,他的画是很像的,您知道,"很像"总是一个具有说服力的东西。

阿克曼：画的东西其实也不像，不过是符合大家的一种习惯。那只是一种模式，有些英雄主义，有一点文人画的东西，但实际上全部都是空话。可是为什么中国现在，无论是官方还是大众都失去了原来的审美感？他们模仿西方的东西，这个我可以理解。他们不理解西方，或者把西方最表面的、最空洞的东西拿来，这个我也可以理解。可是，他们竟然对自己的文化一点都不理解了。为什么？这个问题非常值得研究。

采访人：也许像八大山人那样的创作本来就是少数人的艺术，本来就是给少数人欣赏的。

阿克曼：是，文人艺术是精英艺术，它不是给大众看的，也不是为了博物馆而画，只是为了一个小圈子的朋友，是这个圈子共同赏玩的东西。所以，这对当代水墨也是一个挑战。在现代社会中，这种精英群没有了。水墨艺术家现在为博物馆，为大展览，为美术馆而画，这和原来小圈子里的艺术不一样。所以，你不能简单地承续一个传统，这是不可能的事情，因为这个传统的土壤没有了。我记得，在一个论坛上曾经讨论过类似的问题。修养在今天意味着什么？今天的修养不会是文人的修养。文人完全知道他要读什么书，他需要具有怎样的道德水准，他在社会上处于什么位置，他对这些非常清楚。今天，这种文人实际上已经消失了。在今天的社会中，它不存在，也不可能恢复。以前，作为一个文人，他完全知道修养意味着什么，至于能不能成功达成修养，那是另外一回事。可是，至少他知道应该怎样，而今天，人们根本不知道修养意味着什么。

采访人：您觉得，修养意味着什么呢？意味着知识吗？或者是人文知识？

阿克曼：包括知识，可是知识不是最关键的。它是一种对自己的理解、对世界的理解，是一种很深刻的、不光是理性的理解。

采访人：现在也有一些哲学或其他人文科学的学者，您觉得他们可以算作具备修养的人群吗？

阿克曼：修养跟积累知识还不是一回事。修养也包括知识的积累，可是这个知识应该跟你自己有关，是与你的内在以及你对自我的理解直接相关的知识。你应该理解，你想做怎样的一个人。你应该知道，对这个世界应该有怎样的理解和意识。所以，这个东西也非常难。文人社会里，文人知道如何自处，如何读书，读什么书，如何写一首诗，如何面对权力，或是如何与社会的制度进行对话，在这个社会制度中应该具有怎样的姿态。与此有关的很多东西后来都慢慢模式化了，所以也变得比较无聊。比方说一个文人一定想在社会中有所作为，在社会中有所建树。所以一般来讲，他要么成功，要么失望。失望的时候，他就希望脱离这个社会。这是一种模式，当然大多数的文人在实际生活中也没有选择这条道路。可是，他会将此视为自己的理想，希望做一个隐者或者其他诸如此类的人。对他来讲，这种理想也是一个目标，是一种理想中的修养状态。虽然实际上很少有文人能够完全实现这个理想，可是这个理想一直都存在。

但在今天，连这种理想也没有了。在早前的社会里，你会有基本的安全感，知道自己是谁，要做什么，应该怎样想，应该怎样看待这个世界。可是这种安全感我们今天都没有了，因为大的社会环境已经不一样了。比方说，文人对大自然的理解，他们画的那种山水以及山水中的渔樵，在一定程度上是符合现实的，可是，又不完全符合现实，它有着很大的象征性的意义。不过，这种象征是有内涵、有内容的，跟他的实际生活具有关联。这些东西都没了，也不能恢复了。

采访人：现在存在一种审美品位普遍不佳的倾向，除了您所谈到的修养之外，是不是也与审美教育的断层有关？在实际生活中，也会有一些学者或者所谓的文化人，他们也像您说的一样有修养，也思考自身和社会的关系，思考个体和自然的关系，可是，他们在审美方面的品位还是比较缺失的。

阿克曼：我也发现了一个很有意思的现象。一般来讲，在西方，一个学者或知识分子，他会有比较稳定的审美感。可是在中国有好多知识分子，甚至是艺术家，你到他们家你就傻了，他怎么住在这么一个俗气的环境里。他的家居风格要么是豪华的，要么是巴洛克的，要么是其他什么奇怪的风格。假如社会失去了基本的对审美的理解，一个后果就是它会把知识和审美分开。你可以做一个知识分子、一个学者，但可能没有审美感，这就是目前中国社会发展的一个结果。

采访人：确实会有知识和审美脱离的问题，可是，有时候即使是人文学者，他们拥有了足够的人文知识，也不一定能够为他们的审美提供保障。

阿克曼：人文也变成科学了吧。你可以知道一切有关宋朝的知识，可是你家里还是弄得像个小市民，还在家居中假装自己是个巴洛克的小公侯。在这种状况下，知识和审美已经分开了，变成了两码事，完全没有关联。可修养意味着个体的全部发展，它没有这种分裂。对修养而言，无论是知识、感情、道德、理解能力、好奇感，这些东西都发挥作用。没有这种修养，你的用笔都是空的，因为你真正表现出来的就是你自己。水墨艺术在某些方面是主观的艺术，因为只要懂水墨，一看画你就能明白这个人是什么样的人。

采访人：其实我觉得别的艺术也能看出来。

阿克曼：也可以看出来，可是都不及水墨这么直接。在水墨中，一幅画就这么几笔，很简单，根本无法假装。一切都在画上，你是什么人，表现在画上就是什么人，喜欢不喜欢是另外一个问题，可是没有一点假。朱新建对女人的态度是一个消费者，他对此并不加以掩饰。可是，他也爱女人，这在他的画里也能看得出来，是生理上的一种直接的感觉反应。再加上他对文人画，对中国全部的艺术传统都有非常深刻的理解，他不模仿。一个传统文人绝对不会画这样的画，这完全违背文人的道德水准，但这些画也不俗气。现在画裸体的人多得很，其中99%都俗气得一塌糊涂。这些人画女裸体时也是保持着一种消费的态度，只是他们的消费注重的不是自身的感觉，而是想着要在市场上卖得好。

采访人：现在画这么好卖，搞艺术的人应该很难完全超脱于市场之外。

阿克曼：现在基本上都是为市场而画，不是为自己而画，这样出来的东西不会好。我估计，中国目前的艺术生产有相当一部分在十年或是二十年之后都不会留下来。

现在如果要办展览，就会碰到找不到艺术家的问题。我想办展览，但我不能不断地重复，不能只是把这么四五个人的东西反复地展来展去。特别让我失望的是年青一代的艺术家，他们完全被艺术市场毁掉了。

采访人：艺术市场太好卖了。

阿克曼：太好卖，诱惑性太强。当然，艺术家希望挣一点钱，这我也可以理解。不过他们想挣快钱，希望明天就发财。所以，现在绝大部分的艺术家根本就不考虑修养，他们只考虑怎么制造一个品牌。

采访人：您对水墨感兴趣大概是从什么时候开始的？

阿克曼：80年代末，那时候有一种很有意思的发展。中国的水墨画应该说从清末开始就已经非常弱了,水墨所依存的文人社会已经开始解体。二三十年代是个很有意思的时代,当时还有一些实验,可是都没成功。或者也有西方化的水墨画,用水墨画表现现实主义之类的。四五十年代后,水墨的传统被彻底破坏了。现实主义的写实路线是跟水墨艺术完全对立的东西。那些用水墨写实的人都不懂水墨艺术是什么,水墨艺术的核心是什么。他们把水墨搞得和西方水彩画差不多了,这是个悲剧。李可染这些人很有才气,可是他的画实在可惜。在这种官方的学院艺术中,水墨画基本上就是这么回事。有个评论家叫李小山,他在1985年写了一篇文章[①],说中国画完了,不行了,这个东西就没法继续做了。此文发表后引起了巨大的争论。从那时候开始,有一批人就反思传统,这些人的作品后来被叫作"新文人画"。其实这样的称谓也不准确,因为不可能有新文人画。可是这个艺术探索的方向需要一个名字,于是就有了"新文人画"这个名称。我那时候就开始注意水墨的问题。我觉得确实应该

---

① 1985年7月,李小山在《江苏画刊》发表《当代中国画之我见》一文,对中国水墨的现状提出质疑,引起轩然大波。

第六章 当代艺术 | 213

阿克曼近照

重新考虑自己的传统，可是这种与传统的对话和学院化不一样，不是简单地延续传统，不是假装我现在还可以继续画这些所谓的传统艺术的东西。在这些有关新文人画的探索中，成功的案例很少。朱新建的画不完全算新文人画，可是他那时候也开始出名了。实际上，新文人画并不是一个学派，他们每个人都不一样，也鲜有成功的例子。可是我那时候还是感兴趣，也开始认识几个我觉得确实非常不错的艺术家，当中就有靳卫红。我跟靳卫红认识就是在1990年。她那时候刚大学毕业，当时画的画跟现在完全不同。可是她的画里一直有一种对自我的探索。

采访人：卫红是什么专业毕业的？

阿克曼：国画，她是南艺国画毕业的。还有李津，那时候他们都在进行艺术上的实验，虽然这个实验不一定很成功。李津那时候受表现主义的影响很深。他们做实验，但不知道这个东西应该怎么弄。他们共同认为，应该重新考虑传统，但这并不意味着你可以简单地继续传统，好像什么都没发生。从艺术上讲,他们修养的过程就是这方面的努力。他们做各种各样的实验,可是这不是表面性的实验,而是对自我加以探索的尝试,这与文人艺术的理念方向一致。不过,这些人只有那么几个,那时候也没有人注意到他们。大家都觉得这个东西没有意义,既不属于先锋,也不属于传统。所以,他们的境况不太好。官方不认可他们,因为他们背离了学院派,不是所谓的"传统"了;先锋也看不上他们,觉得这些过时了,干吗还玩这些东西。整个90年代几乎没人关注水墨,当时水墨也没有更大的商业产出。

采访人:那时候水墨还不在大家的视野中。

阿克曼:完全不在。他们最尴尬,一方面得不到官方的认可,没法担任画院的副院长这样的官方职位以谋生;另一方面,也不被视为先锋的行列,不配进入西方买家的关注范围。所以,他们的境况最惨,没人管他们,也没人注意到他们。然而从2005年开始,突然水墨又变成了时髦。

采访人：2005 年开始？

阿克曼：2005 年差不多就开始热起来了。突然，所有人，甚至像方力钧这些人也开始画水墨了。

附录一
误 解 之 益

阿克曼

在我的故乡慕尼黑美丽的大公园里,矗立着一座"中国塔"。它是人们在 18 世纪按照当时对中国塔的想象建筑的。这座塔无论在形式上,还是在作用上,都与一座真正的中国塔毫不相符。这座塔是一个误解的产物。

我谈中国文学,就像那位造"中国塔"的建筑师谈中国的建筑艺术。

你们的邀请,给我一个很大的荣誉。像每一个好奇的读者那样,在阅读你们的作品时,我有时兴奋,有时生气,有时高兴,有时感到无聊。我对它们做评论,可是这跟你们有什么关系?这些作品又不是给像我这样的读者写的!

我究竟理不理解这些作品?具体地说,我到底是不是像一个中国的文学家和读者那样来理解这些作品?我的经验不止一次地回答我:不一定!

每一次同中国作家、评论家或文学爱好者的谈话,几乎总会在某一方面发生这样或那样的误解,而这个误解恰恰是谈话中最有意思的部分。这次座谈会的目的,是为了促进双方的理解,所以为了促进双方的理解,我就想谈谈对双方误解的理解。

我第一次真正同中国当代文学的接触,以误解开始,以误解告终。当王蒙先生1981年第一次访问西德时,我有一个机会去认识他,在这之前我已读过他的作品,我很喜欢它们,我也知道了王蒙先生的一些生活经历,在我的心目中,他是一个英雄。可是当人们向我介绍王蒙先生时,我却愣了一下,他矮矮的个子,很瘦弱,戴着一副眼镜,似乎与我想象中的英雄形象有些不符。

我不知道,是否王蒙先生注意到了我的惊愕,总之他怀着耐心,听完了我对新中国文学糊里糊涂的议论。就像通常这类的谈话那样,从一个题目换到另一个题目,其间我们谈到了文学和性。当王蒙先生指责某些西方作家摆脱不了性描写时,我指出中国作家对这个题目表现出的胆怯(就是在1981年)。我举了蒋子龙先生《乔厂长上任记》中的一段描写为例。大家都记得乔厂长在和童贞恋爱多年后去申请结婚,在西方小说中,此时他们至少会拥抱和接吻,而在小说中两人之间丝毫没有身体的接触。可是后来他们到底还是互相拥抱了,书中是这样描写的:"他几乎用小伙子般的热情抱住童贞的双肩,热情地说:喂,工程师同志,你以前在我耳边说个没完的那些计划,什么先搞六十万千瓦的,再搞一百万的,一百五十万的,制造国家第一台百万千瓦原子能发电站的设备,我们一定要揽过来,你都忘了?童贞心房里那颗工程师的心热起来。"请注意,这里是一颗工程师的心,而不是一颗爱情中女人的心。

在中国,我没有碰到一个人,对这段描写有异议。而对一个西方读者来说,书中描写的情节有点不可思议,他此时一定有了要拥抱和亲吻爱人的冲动,因为他们相爱。乔厂长和童贞的拥抱不是爱情式的,而是工程师同志式的。我将他们两人的行为,也就是蒋子龙先生本人的意识,解释为对性的下意识的躲避。爱情的拥抱以及有关它的描写,在作者及其主人公眼里是所谓"不正当"的,所以在乔厂长拥抱童贞之前,必须将他爱恋的女人转换为工程师同志。用心理分析的理论来说,这个过程叫作"移栽"。这就是说,一种"不正当"的与性意识有关的冲动寻求另一种正当的好像与性意识无关的方式来表达。

当时王蒙先生太有礼貌,没有直接指出我的看法完全是胡说八道,他想让我明白,这个情景一方面是有一点讽刺的,另一方面又有它的真实性。要么,我的心理学的分析跟作者一点关系都没有,要么王蒙不能接受我的解释,当时我的感觉是,我们之间互相误解了。

无论如何我的文学批评努力的结果是令人气馁的,王蒙先生在他不久之后发表的访问随记中,一方面回忆到我的果戈理式的头发(没有任何一个西方作家会在这一点上想到,我至少在发型上还能跟伟大的果戈理相比),另一方面回忆到的我是认真到毫无幽默感。

尽管我毫无幽默感，我还是感谢我们之间发生的"误解"。它帮助我明白，对于一个不属于自己文化范畴内的文学，简单地用西方人的思维方式和心理分析法是行不通的。

今天我懂了一点，为什么当时王蒙以为我的观点是荒谬的。不过，我毕竟是一个西方人，理所当然地用一个西方读者的眼光来阅读你们的作品，请王蒙先生原谅我的顽固不化，但我的这个观察方式或许还有一些它的道理。

我想，在东西方文学讨论中，产生误解或被误解的不会只有我一个。

一个访问过中国的西方作家，回来后曾向我抱怨说，他同中国同事们的谈话，经常谈到的是"作家的任务"，而极少涉及"作家的自由"。在他的印象中，在中国这个题目太敏感了。

我没有参加过这些谈话，不过我能想象，这或许表达的正是误解。你们都知道，"自由"这个概念，在西方政治、社会和艺术思维中起着什么样的核心作用。"自由"在我们看来，完全是一个正面的、积极的概念。就连法西斯专政的统治，也主张保卫自由。

我觉得"自由"在你们的语言中，解释跟我们不一样，它有双重的意思，在贬义的那方面，是"无组织无纪律、自私和无政府主义"的代名词。比如说，"太自由"这个词，在我所知道的西方语言中，没有任何一种语言能将它直译出来。

张抗抗在她的《废墟的记忆》一文中，谈到了一点类似的经历。她在去年参加西柏林地平线文化节期间，毫无思想准备地被领去参观一个展览会。展品都是"文化大革命"的实物，毛主席像章、毛主席语录纪念章和印有毛主席语录的茶杯等。我似乎觉得，陪同张抗抗去参观展览会的西德人一定认为这样做是很好玩的。恐怕他们当中没有一个人会理解，张抗抗由于突然目睹这些"废墟"以及由此引起的回忆而产生的震惊，对她来说意味着什么。

她没有让人觉察出她的震动。尤其是当她的陪同者向她解释，这个展览会是有关"文化大革命"的文化，并像平常那样询问她对于这个文化的看法时，她更为震惊，这些实物怎么能作为"文化"？

我不想为我同胞的这一欠考虑的行为辩护，我只能说，这当中没有恶意，这也是一种误会。可是张抗抗对这一误会的态度，给我印象很深，她描写到，尽管她突然受到震动，尽管这引起了痛苦的回忆，而这毕竟是她祖国文化历史上确实存在过的，人们不能也不可能简单地将它从自己的记忆中抹去。在阅读这篇文章时，我觉得张抗抗关于"文化"的概念，和我们对于文化的概念，竟如此不同，误解也是如此之深！

一般来说，"误解"被认为是有害的，是引起偏见和仇视的根源，这有它的道理。但是，在两种文化相遇时，误解却能起积极的作用。在两种文化对话时，误解是不可避免的。当它使对话无法进展下去时，误解是阻碍的、有害的；但双方在一定程度上通过误解扩大了理解的边缘，而增加进一步的理解时，误解是有益的。美国作家海明威曾经说过，只有三件事值得描写：战争、爱情、钱。难怪他的作品有些单调。不过，我也相信，在文学中值得描写的大题目也只有几个，并且它们是全人类的，是人类基本的经历和感受，它们是希望和绝望、孤独和欢乐、害怕和信任、爱情和死亡等，它们超越了国家和文化的界限，因为我们都是人。如果我们承认这个共通的基础，那么误解会是有利的。它们可以使我们意识到人生和生存的绚丽多彩，承认并积极地对待这些误会,不仅可以更深刻地理解对方,还可以更进一步理解自己。

我们之间互相理解的范围并不局限于这些人类共通的基本经历和感受方面。比如说,我所阅读的新出的文学作品,都是我的中国朋友们向我推荐的。这说明,我们在文学方面的鉴赏力完全可以互通。(说实在话,如果没有这些朋友的帮助,我大概会淹死在当今涌现出的文学洪流当中。)

不过,我仍然觉得,"误解"还是不同文化交流之间最为有趣的部分。

发现"误解"很容易,理解"误解"不容易。面对同一部作品的评论,评论总是这样的,有些聪明,有些愚蠢,有些深刻,有些肤浅,总给我带来这样的感觉:假如我写这篇文章,我不会这么看,这么写。这并不是说我比中国评论家更深刻地理解了作品,比别人更细致地读了作品,而是因为我从另一个角度来阅读和理解它。

一个西方读者不会理解前些年对张洁《爱,是不能忘记的》这篇小说道德或是不道德的争论。一个女人爱上了一个结了婚的男人,在西方文学中是经常出现的。西方作家和读者会对小说中描写的这类恋爱从心理学方面感兴趣，而很少存在道德上的判断。此外，你们大概知道，以西方的道德观念，激烈的爱情有一定的反社会道德标准的权力（至少在文学作品中是这样）。

我，作为一个西方读者，从这篇小说中读出来的问题是，一个女人怎么会一辈子爱着一个实际上她根本不认识的男人？他们待在一起的时间总共加起来也不超过 24 小时，主人公的女儿这么说。我的问题是，为什么这个聪明和敏感的女人，会终身缠在一个幻象中？在心理学上，人们把这种现象称为"投射"，这就是说她把自己的愿望和想象"捆绑"在一个男人身上，而这个人实际上可能跟她想象中的全然不同。于是我感兴趣的是，假如他们两人终于在一起了，将会发生什么？是完美的爱情还是飞快地为现实所失望？或者可以说，是否正因为这是不能实现的爱情，所以钟雨才紧紧地抓住它不放。

我明白，很多中国读者包括张洁在内，不会同意我的这一番解释，因为他们用另外一个解释系统，这并不意味着我的观点是错误的。

像很多中国读者和文学家一样，我喜爱阿城的作品。不过好像我对这些作品的理解跟中国评论家和读者又有一些不同。我发现他们对《棋王》的兴趣，几乎全都集中在王一生这个人物身上。或许，在我们西方人的思维和行为中，"自我"是核心，所以对我来说，《棋王》中的"我"更为重要。小说自始至终，王一生这个人物没有变化，而"我"却发生了深刻的变化。我认为，这个变化是小说的中心题目，在"我"和棋王之间发展起来的友谊中，这个"我"理解到了藏在"棋呆子"里面的人生的力量和神秘，也理解到了生活本身的谜。小说结尾时的"我"已经不同于开始时的"我"了。

同很多中国读者一起，我分享阿城语言的魅力。不过作为一个西方读者，我同样欣赏阿城的叙述方式。他对读者和他所塑造的人物采取一种"非干涉"的态度。他不告诉读者应该如何理解作品和作品中的人物，他对自己作品中的人物不下任何论断。他不像一个钻进人物灵魂中去的寄生虫那样，轻易地将他们的灵魂掀露，他不是人类灵魂的工程师，他是一个真正的艺术家，他尊重读者，也尊重他所塑造的人物的神秘感。读下面一段描写，使我作为读者的心幸福激动，但使我作为翻译家的心茫然无措：

"王一生孤身一人坐在大屋子中央，瞪眼看着我们,双手在膝上,铁铸一个细树桩,似无所见,似无所闻。高高的一盏电灯暗暗地照在他脸上,眼睛深陷进去,黑黑的似俯视大千世界,茫茫宇宙。那生命像聚在一头乱发中,久久不散,又慢慢弥漫开来,灼得人脸热。"

这一百多字没有一个字是关于王一生心理活动的描写。阿城知道,揭开他的秘密,意味着破坏这个秘密。我不知道,在今天的评论家的抽屉分类法中,阿城是否属于现代派。在我看来,他的叙述方式,不论在东方文学还是西方文学中,都是现代式的叙述艺术。说实在话,我不怎么喜欢一些中国作家利用小说中的人物向读者灌输政治和道德的观点,提供理解他作品的说明书。

阿城在《树王》中描写的知青生活,给我留下的印象很深,当然这种深切的感受不如经历过"文化大革命"的中国读者。令我着迷的是,这个故事正表明了今天在西方变得日益尖锐的矛盾,即两种人对待大自然不同的态度和矛盾:李力就像我们西方社会中的现代技术统治派,对于他们来说,大自然除了被人剥削以外,没有任何价值。一棵没有用的树,哪怕它是树王,也不过是暂时未被砍倒的木材。而另一种人，像肖疙瘩那样，认为李力否定大自然形而上的神秘，是一种破坏性的态度。作为一个西方读者感到惊异的是，一个西方社会日益剧烈的价值观的矛盾怎么会显现在一个革命的红卫兵小将的身上。

我来自另外一个国度，有着另外一种文化，生活在另外一个社会，一直在误解他们的作品。但是，这个误解却扩展了我的自身经历和感受，它远不只局限于获取有关中国的信息。"世界文学"这一概念的价值就在这儿。正因为有了这些"误解"，并且由于这些"误解"而产生的积极意义，证明了这些作品的意义。一部优秀的文学作品，像一座带有好多个进出口的建筑，其中有些出入口，作者本人也未必察觉到。

从中国同事那里，我经常听到一些批评，是针对选择什么样的中国文学作品翻译成西方语言。我认为他们有一定的道理，责任在于我们翻译家的无知，责任在于出版社有时不再把文学质量作为最重要的出版标准，责任在于读者本身，目前只想通过阅读你们的作品来获取关于中国的信息。不过对批评家，我也想要说几句：某些对我们来说重要的对你们来说并非同等重要，反过来也是如此。德语作家茨威格在中国获得的评价比在德国高得多，某些在你们的作品中被引用到的西方作家，我们也只能在《辞海》中才知道他们的存在。

然而，这样一些不同的认知和"误解"不是阻碍，而是提供了一个我们互相理解的机会，它们可以成为精神上互相交流和创作的推动力。据我所知，在西方汉学家中，同样也在你们的国家，经常展开关于西方文学概念是否能运用于中国文学的讨论，我认为这样的讨论是多余的。因为王蒙和张辛欣的作品已经说明了这个问题，即使一个内行的西方文学专家，能够证明王蒙运用的"意识流"概念（谢天谢地我不是"意识流"的专家）不符合西方文学理论，那也只说明了王蒙先生以一种新的、他自己对"意识流"的理解，运用了这一概念。创造性的"误解"永远比无结果的、无生气的理解强。

著名哲学家莱布尼茨从一个满是误解的《论语》译本中得出结论，中国人在世界上创造了唯一一个公平和合理的社会，你们一定会同意我的观点，这又是一个"误解"。不过这一"误解"影响了18世纪欧洲的政治和社会思想，在欧洲艺术中，引起了所谓的"chinoiserie"——文化的中国风,开头的例子——慕尼黑的"中国塔"——就是佐证。

我能想象,在不远的将来,西方文学中会出现新的、这样的或那样的"中国塔"。

1986 年 4 月

附录二
老外看当代水墨画

阿克曼

中国当代水墨画展给我留下的印象常常是进入了一个杂乱不堪的旧货店,使我感到无聊和伤感。

究竟有没有必要举办纯粹的当代水墨画展呢?水墨画使用特殊的材料和技巧这一事实并不是举办这类展览的理由。当代艺术的每一个大型展览都理所当然地会展现最不同的工作方式、技巧和材料,这种开放性是20世纪和21世纪艺术的一种基本特征。

水墨画是值得保护的中国文化遗产这一说法也

不足以给予水墨画这一待遇。每一种当代艺术的生存方式都依赖于经验和对传统的了解,尽管如此,当代艺术的任务并不是要保存文化遗产。这本是艺术历史博物馆的任务。

不过,要与其他艺术世界隔离,这一点符合中国水墨画家以及有关机构自己的利益,而且也不无根据。设想一下,如果水墨作品挂在其他中国当代艺术家作品中间,映入眼帘的首先是:大多数水墨作品的艺术性都很差,这些作品不是技术高超的模仿品,就是让人无法适从的"现代派",最糟的情况下还会出现极为俗气的作品。但这并不意味着,使用"非传统"和"西方"材料、工作方法的中国当代艺术家,都是伟大的艺术家,而只证明了当代水墨画令人担忧的状况。

我是中国水墨画的爱好者,并不是专家。中国水墨画的文化和精神底蕴以及传统并不出自我的国度。我也不会使用毛笔,我曾经做过的无可奈何的尝试让我清楚地看到,探入中国水墨的秘密之地对我来说实在太难了。让我进入水墨世界的契机是我对八大山人的发现。我还从来没有遇到过那样的艺术家,相对来说他可以跨越把我们分割开来的时间和文化的深渊。我的第二个重大经历是与现代伟大画家齐白石的相遇。他从一种非西方的遗产中吸取养料，激活并改造这份遗产，在20世纪西方艺术中，也只有毕加索能做到这一点。自那以后，有一个问题一直困扰着我，即是否存在着一种基于非西方知识和经验基础的现代艺术。这种艺术不仅会使由西方把持的全球艺术商品库增加新的画作（面孔），而且是以对自我和世界的另外一种理解来面对全球艺术。我从一开始就以极大的兴趣和好感关注中国当代先锋派的诞生和发展，但我更关注的是一些男女艺术家运用水墨画的精神和艺术手段，为创造齐白石意义上的当代艺术所做的尝试。

我有幸遇到朱新建和何建国这两位艺术家，他们的作品和对艺术的理解，在我看来对水墨画艺术的现代发展具有指导意义。后来还有一些其他画家也引起了我的重视。中国当代水墨画实现"突破"的愿望并没有如愿以偿。但我今天深信，只要少数几个人能从精神出发，就能用水墨画的手段创造出重要的当代艺术。

为什么会这样？这里有历史上的原因。中国先锋派是从中国近代史的伤口、断裂和恐惧中吸取能量的。与先锋派不同，水墨画对中国近两百年来社会和文化巨变的反应是逃脱，是进入一个被理想化的、脱离社会和历史现实、影子般的传统中去。清代后期的绘画在我看来已经是无力、平庸和空虚了。

政治强加于水墨画（如同其他的中国艺术）的现代化道路也很不幸地被证明是错误的。"现实主义"的路子不仅毁掉了自身的精神和艺术传统，同时也破坏了同西方现代派进行有益交流的可能性。结果是中国在长达几十年的时间里没有对世界艺术做出什么贡献。

当中国的艺术世界发现了现实主义，不久又把它上升为教条时，现实主义在它的故乡欧洲已经是一种过时的艺术流派。这一流派显然早就已经无力进行艺术渗透和表现现实了。有意思的是，中国的传统艺术早在欧洲人以前，就认识到现实主义的无用性并拒绝现实主义这一艺术方法。把传统艺术同现实主义结合在一起的试验也以灾难而告终。徐悲鸿是一位精通技术，然而在艺术上并不重要的画家，他对西方艺术和中国艺术都缺乏深刻的理解。然而恰恰是他，而不是齐白石成为中国现代水墨画之父，这也是中国水墨画当今之所以有那么多困难的原因之一：同现实主义的"强迫婚姻"让水墨画沦入只有技巧的境地，并让其精神和艺术的根源枯萎。一直到今天水墨画都没有从中得到完全恢复。

"文化大革命"后先锋派在克服现实主义教条的时候，可以借助20世纪西方艺术的所有手段。就是说"文化大革命"的革命和浪漫现实主义的圣像都能成为激励他们创作的源泉，因为如同泛滥的媒体—消费世界的画面潮，这些圣像同先锋派的艺术一样都源自同一个世界观。那些年轻的先锋派画家在使用西方现代派所有的技巧和风格时表现出来的无穷乐趣和大胆放肆，也为他们打开了饥渴新画作的国际艺术市场。西方现代派无边无际的自由，特别是后现代主义掠夺所有时代和文化的形式语言和画面世界的自由，使中国现代派也开始从自己的文化遗产中进行抽取和摘录，并向需求"有地方色彩"的全球艺术市场提供产品。

与此相比，水墨画的处境是可悲的：与自己传统的精神和艺术源泉分割，无法成为以西方为主的全球艺术的潜在力量。水墨画试图借助20世纪的西方艺术，摆脱现实主义紧箍咒，为打开一条通往现代主义的道路所做的尝试，多半也是无功而终。就是这代人当中最好的艺术家，如吴冠中或朱振庚，他们的作品也充分表现了两个不同文化的艺术立场互相之间是如此陌生。他们对表现主义、抽象派或其他的西方艺术方面的接受是如此形式化，他们并不能开发出可以与"文化大革命"后先锋派艺术媲美的力量。

结果是，在更年轻的艺术家的水墨作品中，越来越多地出现使用混合技巧的例子——在油布上画水墨，在宣纸上使用丙烯酸等。通过使用水墨画的辅料，来达到一定的形式结构效果。这样，水墨画就缩减为众多艺术手段中的一个。由此可以达到的美学效果有时也会令人瞠目结舌，但与其他的技巧相比，这一手段的能力是有限的，很快，观者就会感觉无聊。南溪的政治流行画作就是众多例子之一。

我说这番话并不是要声称，水墨画原则上没有能力同艺术现代派的精神和美学成果进行比试，并注定要作为值得保护的"文化遗产"而惨淡艰难地存在。不过，当代中国水墨画的大部分作品也确实属于此类作品，这一点很遗憾，也是不可否认的。美术学院和其他机构中多如牛毛的艺术家，通常是以较高的技巧水准生产工艺品。

他们这么做不仅仅是坚守一个与今天的人的世界和生活经验几乎没有关系的绘画世界，这一绘画世界使艺术家的产品显得如此空洞、虚假和缺乏生气。就是在石涛或金农生活的年代，山水作品、充满哲学味的渔人和隐士也都不是外部生活完全的真实写照（即使偶然还能找到生活的原样），而是反映一种完全进入内心、进行精神体验的自我本质。朱新建的一些"传统"风景画和边平山的鸟对我来说具有很高的艺术现实性。相反，邹建平、黄一瀚、秦付明等人的表现80后一代人生活感觉的试验——这里只举他们几个为例——表明，水墨画的这些"现代变种"是多么以"西方化"先锋派作品为方向，同时又多么落后于这些作品。中国当代水墨画艺术上是否有生命力，并不取决于"现代派"同"传统派"之间的较量。

与当代中国"先锋派"不同，水墨画很明显难以发展成一种独立的，源自现代大都市、后工业生活世界的观点和经验的绘画语言。2009年在上海举办的"水墨当下"展览中以"感悟都市"为题的作品清楚地表明，只是把作画动机从农村景色换成城市景色是无济于事的。

显然，水墨画与21世纪初由物质刺激和媒体影像为主的世界格格不入，正如它同20世纪的现实主义和意识形态的教条格格不入一样。其原因在我眼中只有一个。

与造型艺术的其他形式相比，优秀的中国水墨画更多的是一种精神、宗教和自我经验的直接表达。运用蘸墨的毛笔能理想地直接表达强烈的内心经验，艺术家常常是在长达几年的成熟和练习过程中，非常可靠地掌握了这一经验，以至于能在最短的时间内作画，所以作品看起来似乎是自发产生的。一旦心灵经验同运用毛笔的手法不能建立起关系，而是被习惯做法或纯粹是高超的技巧所取代，绘画过程的结果也会是失败的。即便大师也难以幸免，从齐白石画虾的名作中就能看出这一点。

从优秀的水墨画对艺术家提出的高要求这一角度来看，大多数当代水墨画家是缺乏文化水准的。掌握这门文化遗产所需要的东西大大高于美术学院所教的东西，远远超出掌握技术手法和艺术史的范畴。

在运用毛笔作画过程中形成的经验是个人的，也就是说这是一种有经验的、开放的自我表现。水墨画中的个性远远超出今天艺术市场所要求的那种似曾相识的重复风格。所以，通过深入了解自我所产生的孤独感，是古往今来所有优秀水墨画家一个最基本的特征。过去的那些大师可以借助风景画和花鸟画，获得发现自我和表达自我的足够空间，同时他们也有艺术家和观画人之间取得共识的空间。这些空间已经被永远地摧毁了。今天的水墨画家已经被抛回到一种自我经验中，而传统和意识形态都无法保障这一经验。画家必须发明自己的绘画语言。鉴于这种情况，在自我研究中找寻自我，应该是一种比较可行的可能性。所以中国当代水墨画最好的一些作品，如李津和靳卫红的作品就是强迫性的自我肖像，而这一主题在传统的水墨画中不起中心作用。

看起来，从水墨画困境中走出来的另一条出路是进入抽象。中国水墨画从一开始就徘徊在抽象的边缘，但在过去并没有完全越过界限。伟大的古典大师通过运用毛笔的手法表现出来的复杂的心理和情感经验，与画中的内容脱节的情况也确实并不少见。一些画抽象水墨画的画家如陈或凡和蓝正辉在我看来，也确实是令人信服地让水墨画进入完全的抽象。但走出这一步是很棘手的，很容易陷入只是从形式和表面上使用水墨画技巧的危险。

当代水墨画的革新和艺术意义要求从精神上和技术上掌握文化遗产，同时也要求通过对艺术家自我的深入了解——这一自我是作为 21 世纪初中国转型社会的精神、社会和心理存在——能够勇敢地背离这一传统。与中国当代的先锋艺术不同，水墨画不是对后工业时代中国消费社会进行反讽，做出快乐或悲观的反应，而是要对此采取一种反立场。

这一充满孤独、艰难并很难受到艺术市场青睐的工作只有极少数的艺术家能完成，也只有极少数的人能认识到这一工作的价值。其命运是一个未知数。

附录三
我反对的,我爱的
——看见阿克曼

靳卫红

汉娜·阿伦特(Hannah Arendt)说,我不爱任何一个集体,我爱人。在读到这句话之前,我觉得自己是知道这句话的,这是我看到的阿克曼。

在文化差异里,包含着一个很重要的差异——情感差异,即我们能否对同一事物发生同情。我观察了与阿克曼同时期来的德国人——同期的留学生,他们似乎都有类似的特点——容易沟通,不太隔。这些汉学家(阿克曼拒绝称他为汉学家,认为那是指坐在书斋中做学问的人），不仅从书里读到中国人，真正地接触中国人，也与中国人一起生活。在阿克曼那里，我常常感觉到自己是被认同和被理解的，我凝视他的眼神，觉得这个人懂我的感情。

记者问过阿克曼，你在中国待了这么久，特别爱中国？这个问题被提多了就显得有意思。阿克曼的回答与阿伦特如出一辙，没有一个中国，只有一个个具体的中国和具体的人。有他喜爱的中国人，也有他厌恶的中国人；有他喜爱的文化，也有他不喜爱的文化。他是谨慎的，既出于他对概念的彻底怀疑，也出于阻挡一种意识的侵入——一种民族主义的宣扬：中国，五千年文明大国如何如何。阿克曼有一张明式条几，可能是他唯一不愿放弃的家具，跟随他几十年，这是具体的爱，是他对文明细节的体认。

1975年，阿克曼来到北京，他先在北京语言学院学习，后来进入北京大学历史系学习。那时我还不到10岁，对时代的记忆他比我深刻。他见过北京城五道口进出的骆驼、白塔寺边上破败的四合院、通往十三陵杂草丛生的乡间小路。"文化大革命"即将结束，但各种运动并未停歇，街头常常出现的游行队伍和高音喇叭让阿克曼印象至深。凭着学生证，自由地去往中国南北各地旅行，他们看风景，他们也成为风景。北京大学"开门办学"，他们深入到真正的中国人中间，从工厂到田间，认识工人和农民，当说到老乡关照他，如果要拉屎，你要跑回自家的茅房来，简直笑坏了我，留学生吃的是特粮，粪肥。我常想，或许正是因为这种非正常的学习，才培养了阿克曼用自己的眼睛看中国的能力，不带有任何学究式的概念。

写这些关于阿克曼的文字时，我非常犹豫，两个生活在一起的人，很难真正"看到"对方。对于他，一方面我觉得有好多话可以说，另一方面，又觉得不可说。我担心我比外人看得更加局部，而这个局部亦由于被看得太细致，而破坏了整体。

中国人谈起德国人常使用严谨、擅于哲学思考、特别认真、有逻辑性、遵守时间等概念，遇到如此评价，阿克曼就出汗了，怕自己根本不符合这些人头脑中的德国人形象。我来剧透，比如对于时间，他没太强概念，经常迟到，弄得人很不愉快。可是，阿克曼整理过一盒废铁钉子，几百根使过的钉子，（把能用的）每根严格地按粗细长短一丝不差地分置在各尺寸的小格子里，这等细心和耐心岂是我辈所有。我在读俄国人列昂尼德·茨普金的小说时，发现了一百年前的俄国人对德国人使用的完全是另外一部分词汇——"糊涂""人人都是骗子"。

使用语言，怎么能没有概念呢？概念是工具，帮助人们交流思想，阿克曼不反对这个，他反对的是"概念化"：复杂的现实简化成概念。比如，"传统"这个词，现在的日常和各种学术研讨中经常出现，他会质询，你说的"传统"是指什么？对阿克曼来说，传统是一个复数词。在中国近一百多年的剧变之后，传统早就分崩离析，现在说的"传统"究竟是指什么？当概念成为交流的屏障，它的意义就丧失了。所以，阿克曼认为他工作的意义在于破除概念，增进不同人和不同文化之间深刻的理解。

作为"二战"后出生的一代德国人，历史规定了他们的情境，反思和检讨成为一种日常。父辈经历过的战争，变成政治道德和历史的综合大题，也成为一种绝对力量把他们塑造成特别警醒的人。他是一个以审查的态度对自己进行扫视并保持与自我距离的知识分子，反极权主义，反社会不平等，马克思的思想对他起过很深的影响，年轻时是"左派"；他也是受着天主教的教育长大的人，尽管在五十年前他脱离了教会，但热爱因宗教而兴盛的建筑、绘画和音乐，听弥撒时感动得涕泪纵横，好像回到了老家。

这些因素缔造了阿克曼的复杂。他是正方，也是反方；他在做一件事，同时也在反对这件事。他在审美上有绝对的要求，爱艺术，爱文学，爱女人，爱大自然，然而他又立刻会从纯粹的享受中分辨出无聊。阿克曼家乡不远处是绵延不断的阿尔卑斯山，房舍依傍斯坦贝格湖，草地葱郁，森林茂密，风景美丽让人驻足流连。可他说，一直美是一种无聊，不是吗？对沉溺保持着某种警觉，避免堕落。纯美是一种无聊，美需要内容，甚至是一些特殊的内容，如果没有，这种美的意义也即刻取消。寻找生命彻底的震荡，并从中享受灵魂刺激的快感，这种矛盾或许是他人生的张力，或许是为他输送能量续航的源泉。但是，没有一个判决者来告诉他价值几何，所以这些矛盾也常常把他拖入泥潭，陷入巨大的寂寞之中，无人同行。

这样的人以前我不认识。

再一次见到阿克曼是2006年，他作为歌德学院中国大区的总院长再一次回北京工作，在这之前我们有十二年无音信来往。1994年后,他去了莫斯科和罗马主持歌德学院的工作,但他觉得在他的生命中,跟中国更有缘分。

1990年,我们相识于南京,他刚刚建成了歌德学院北京分院不久。20世纪90年代中国文化土壤贫瘠,与世界来往也不方便,歌德学院在文化界扮演过很重要的角色,很多人通过这个窗口得到启示。歌德学院图书馆提供不同营养的精神食粮,给这些心怀渴望的人以很大的滋养。我当时除了是一名年轻的画家,还是《江苏画刊》的年轻编辑,歌德学院图书馆是我理想的地方,常去找资料,然后译成中文,介绍在《江苏画刊》杂志上。比如,在1991年的第11期上对德国表现主义画家巴塞利兹(Georg Baselitz)的介绍就出自那里。

中国在80年代和90年代没有艺术市场,画家卖画靠偶然性,阿克曼常帮着推荐给他的同胞朋友,喜欢的就买一些。北京有一位画家叫何建国,他的大藏家就是阿克曼,不仅自己买了,还推荐朋友买。何建国卖给阿克曼一点也不手软,该付多少钱就付多少钱。阿克曼也不承认自己是收藏家,只是爱好者。他收藏了我的作品,大学刚毕业的我,才开始职业艺术家的生涯，作品被收藏是一种肯定，更是鼓励。他一方面向朋友介绍年轻艺术家以帮助他们生活，另一方面也直率地提出他看到的不足，弄得我后来没有画出像样的作品见他便很有压力。他很早就对新水墨艺术产生兴趣，现在不少活跃的水墨艺术家都被阿克曼最早收藏过。90年代，中国的文化人很缺钱，不仅是我们画家，搞电影的，搞戏剧的，搞文学的，没有不缺钱的，歌德学院和阿克曼给予过不同的资助，他的重要性不言而喻，一个"财主""养"了不少人，却没有一点颐指气使，是出于教养，或是天性？

20世纪80年代，自由民主、主体性等词语被年轻人挂在嘴边，但实际上，我们并没有见过这样的人。我们背诵着伏尔泰"我不同意你说的每个字，但拼命维护你说话的权利"，启蒙主义先驱的名言使我们激情满怀。这句话首先表达的是对绝对主体性地位的尊重，然后是坦诚和理性，但这种人生态度于我们太陌生、太抽象。我亲眼见过自诩为人文主义者的文化先锋实为思想狭隘的暴君。

阿克曼的存在把一个抽象的欧洲变为具体。他的条件好，因此常把人邀回家，大家回忆起来都说吃了不少阿克曼的饭。朱新建[①]在他家里曾住了近两年。我二十多岁的时候，对睡懒觉完全没有抵抗力，在阿克曼的家里做客，还是忍不住睡，主人也未有意见，当然也不管，爱吃爱睡，自便吧。他与中国的文化圈子交往多而广，对人亦没有分别心。有一次，他请李泽厚先生吃饭，我们正好在，他就喊上一起，我们近水楼台地亲近了李先生。席间朱新建与李先生讨论了一些中国文化的问题，小有争锋。李先生那时候在文化界如日中天，阿克曼不支持谁，不觉得李先生大，也不觉得朱先生小，平等自由地对话。跟阿克曼聊事情，从未见他压迫过谁，无须考虑他的身份，他也不让你发现这一点，那种深入骨髓的尊重他者，真是启蒙者的亲后代。

他与我在现实安全感的反应上很不一样，很多抵牾。比如我们都被偷过，我变得步步设防，不想再被偷。但阿克曼不能，他不能因为小偷而改变人生，牺牲对人的基本信任。他的背包拉链常常是不拉上的，托运的旅行箱也是不锁的，我为此唠叨。一次从北京到南京的火车上，他再一次拒绝了我的

[①] 朱新建，画家，1953—2014 年。

提醒，遭了窃，那包口开得好大，钱包一眼可见，大大方便了小偷。他看着我很沮丧地说，我真傻。但这种祸事仍不能让阿先生对外部安全变得敏感起来，他遭窃数次，仍无改过，每次失窃后都是麻烦无比。够傻！我一边幸灾乐祸，一边恨得牙痒。这安全感矛盾的背后是我们不同的人生态度。

对安全感麻木，但在文化上，阿克曼甚至可称得上是机敏，不含糊。中国近百年的遭遇，他常常唏嘘感慨，他认为这种断裂是欧洲文化里所不曾发生的，当代的中国文化深深地受到这种断裂的影响，一方面是被摧毁的，另一方面也是绝地反弹饶有活力的。他钟情于水墨艺术，那是他看到一种在别的文化里不存在的文化立场，同时，他也清楚地看到水墨画的探索在当下处境中的困难："水墨画的处境是可悲的：与自己传统的精神和艺术源泉分割，无法成为以西方为主的全球艺术的潜在力量。水墨画试图借助20世纪的西方艺术，摆脱现实主义紧箍咒，为打开一条通往现代主义的道路所做的尝试，多半也是无功而终。"[①]他用自己的美术史知识紧密地

---

① 引自阿克曼文《另一种现代性》，2012年。

抵靠着观察经验，使他的视角与见解常常发人深思。他在另一篇文章里也表达了这种洞穿力，他说："现代中国文化首要的，也可以说是最基本性的东西，也许可以称为基于那段深刻的文化断裂之后的创伤性经验。"① 这句论断找到的是源头，道出的是中国当代文化处境的痛处，深刻而中肯。

阿克曼的工作是在两种文化之间建立桥梁，有时很成功，有时是失败、沮丧和不达目的的。他说文化交流是一个专业，但很多人并不理解。他曾经把汉学视作无功利性的学习，以解嘲自己年轻时代参加过的各项有意义的运动。然而，在与现实的中国相遇时，他自己也始料未及，献出的，竟然是半辈子光阴。这是命运，这是缘分，也是他的精神底色决定的。

现在，我们住在南京的一个十一层楼的公寓里，阿克曼从家里坐电梯下楼，碰到邻居，孩子仍会大叫外国人，而父母们则十分讶异阿克曼脱口而出的汉语普通话。阿克曼说，我在中国，永远只能是个"老外"。

2018 年 1 月

---

① 引自阿克曼文《混杂文化》，2013 年。